10 FAÇONS D'ASSASSINER
NOTRE PLANÈTE

Nouvelles réunies et présentées
par Alain Grousset

10 FAÇONS D'ASSASSINER NOTRE PLANÈTE

Flammarion jeunesse

L'origine des textes est mentionnée après chacune des nouvelles. Nous remercions les éditeurs qui nous ont cédé gracieusement leurs copyrights.

Malgré nos efforts, nous n'avons pu identifier les ayants droits de certains textes. Nous les prions de bien vouloir prendre contact avec nous, afin que nous puissions combler les lacunes dont nous les prions de nous excuser.

87, quai Panhard-et-Levassor – 75647 Paris Cedex 13
ISBN : 978-2-0814-4948-0

INTRODUCTION

L'Homme ! Derrière ce mot générique se cache une espèce animale qui a colonisé une planète entière, appelée la Terre. Son but est de façonner l'environnement selon ses désirs, de dominer les autres races existantes, de dompter la flore pour son seul usage et de piller allègrement les ressources de cet endroit sans se soucier du lendemain.

Drôle d'espèce, qui n'hésite pas à laisser à ses descendants le soin de gérer ses déchets radioactifs pour plusieurs milliers d'années et qui veut brûler jusqu'à la dernière goutte ses réserves de pétrole alors qu'il faudrait l'économiser pour les décennies futures. La réussite dans notre société semble se mesurer à la capacité de consommer, donc à produire des déchets. Ces inconvénients que dénonçaient, il y a déjà de nombreuses années, quelques militants verdissants qui nous faisaient sourire à l'époque, sont désormais perceptibles et concrets. Mieux – ou pire – on sait que si, dès aujourd'hui, on cessait toute pollution, les choses continueraient à empirer, à se dégrader pendant plusieurs décennies.

Cette fois nous sommes au pied du mur. L'espoir doit venir de la jeunesse. C'est elle qui sera capable de s'adapter à un nouveau mode de vie, d'avoir la volonté d'un véritable changement. Le présent recueil, au titre volontairement provocateur, associe l'écologie à la science-fiction. Cette littérature a toujours eu un rôle de prospective, de mise en garde, en se penchant sur l'évolution de notre société. Longtemps les auteurs ont donné une vision idyllique au futur en créant des utopies, mondes parfaits en harmonie avec la nature. Mais la SF a également toujours montré les dérives de l'homme. Récits post-atomiques, post-cataclysmiques ou despotiques. Elle n'a pas hésité à dénigrer le mot science, qui pourtant la caractérise, en extrapolant sur les dangers possibles ou inéluctables des découvertes scientifiques, comme, par exemple, dans Le Meilleur des Mondes, *d'Aldous Huxley.*

La science-fiction est la seule littérature qui remet notre monde en question, ainsi qu'elle-même par l'occasion. Aussi, je pense qu'elle s'associe parfaitement avec l'écologie pour tenter d'appréhender notre futur.

En explorant dix possibles, souvent très noirs, les dix grands auteurs de cette anthologie ont tous la volonté d'attirer l'attention sur ce qui risque à coup sûr d'arriver si l'on ne réagit pas dès aujourd'hui. Et certains depuis longtemps !

Je souhaite de tout cœur qu'après avoir lu ce livre, vous regardiez votre monde d'une autre façon et que vous le choyiez bien plus que ne l'ont fait les générations avant vous.

Le futur vous appartient, prenez-en soin !

Alain Grousset

1. LA GLACIATION

Les bouleversements climatiques sont inquiétants. Ils sont de plus en plus visibles et catastrophiques. Certains endroits de notre planète sont noyés sous des tonnes d'eaux, tandis qu'à d'autres une sécheresse persistante annihile tout espoir de cultures. Le réchauffement de la planète est dans tous les esprits. Aussi curieux que cela puisse paraître, l'élévation de la température peut nous conduire à une nouvelle glaciation ! La fonte des calottes glaciaires changerait la salinité de l'océan Atlantique et ferait disparaître le tapis roulant qu'est le Gulf Stream. L'arrêt de ce courant chaud qui frôle nos côtes engendrerait une glaciation sur l'ensemble de l'Europe.

Danielle Martinigol nous a habitués dans ses livres à des thématiques écologiques. Il est normal de la trouver dans cette anthologie. Le sujet de la glaciation l'a inspirée. Douloureusement. Car le temps n'effacera pas tout, hélas. Et les neiges du futur ne parviendront pas à absoudre ce passé qui est notre présent.

Gageons que vous vous souviendrez de Denilo et de son petit lapin. Une histoire à faire… froid dans le dos !

Le Petit Lapin tondu, de Danielle Martinigol

La portière de cuir retomba dans le dos de Denilo en frottant le sol glacé. Le froid intense saisit aussitôt la tête nue du petit garçon, qui malgré tout ne rabattit pas sa capuche de fourrure. Il aimait flairer l'air du matin au sortir de la caverne, et l'épaisse pelisse récemment confectionnée par sa mère perturbait son odorat par la forte odeur de musc qu'elle dégageait. Le manteau empestait le vieux chien sauvage, et Denilo avait failli s'en plaindre. Mais Jenila, sa sœur aînée, l'avait devancé, critiquant les effluves de sa propre pelisse. Comme elle avait aussitôt reçu une bonne correction de Velten, leur père, qui rentrait justement de la chasse, Denilo avait compris la leçon. Ce n'était vraiment pas le moment de se plaindre du nouveau vêtement. L'hiver était plus rude encore que les années précédentes, Velten avait de plus en plus de mal à rapporter de la nourriture à la caverne, et Hester, leur mère, avait fait de son mieux pour parer ses enfants contre les températures extrêmes qui sévissaient dans les collines des Malroches.

— Par les foudres de Vendepierre, Denilo, mets ta capuche !

L'ordre de Velten s'accompagna d'un coup violent sur l'occiput de l'enfant, qui glissa sous l'impact et dut se rattraper à la massue qui pendait le long de la hanche de son père. D'un geste vif, le gamin rabattit la fourrure sur ses longs cheveux, et son petit visage disparut dans les poils rêches et puants.

— Et lâche cette arme ! gronda l'homme en bousculant à nouveau son fils.

— Quand l'as-tu fabriquée, père ? demanda-t-il. Elle est rudement belle !

— Elle fera une arme solide quand on aura à défendre le traîneau contre des ours comme la semaine dernière. Allez, viens avec moi, il faut nourrir les chiens. Ensuite tu iras à la pêche. Le lac renferme sûrement encore des poissons.

— Mais la glace est très épaisse... gémit Denilo.

— Ça te réchauffera de la casser au pic, rétorqua son père.

L'enfant soupira. Il ne fallait vraiment pas compter sur Velten pour épargner ses enfants. Quel dommage qu'il ne soit pas aussi protecteur que Gaïetan ! Le Liseur des Malroches avait un fils unique, Merkel, ami de Jenila et Denilo. Le fils de Gaïetan ne faisait jamais de travaux durs et rebutants comme ceux que Velten imposait à ses enfants.

— Il l'élève dans de la mousse, grondait Velten lorsque Hester tentait de comparer le sort de ses deux enfants à celui de Merkel. Il le couve comme si sa femme avait accouché du Réchauffeur du monde !

— C'est le fils d'un Liseur, objectait Hester.

— Et alors ? Est-ce parce que le père est capable de lire dans de vieux grimoires que le fils doit se la couler douce et attendre que les autres hommes de la communauté lui rapportent de quoi manger ? À quinze ans Merkel passe son temps à gribouiller les murs et ne sait même pas monter un hameçon. Denilo chasse et pêche mieux que je ne le faisais au même âge. À Malroches, peu d'hommes adultes connaissent la banquise aussi bien que lui, et il n'a pas failli lorsque je l'ai emmené avec moi voir l'emplacement de la grande ville morte. Il a su m'aider à revenir de cette lointaine Parisse quand je me suis blessé. Il a guidé les chiens d'une main de maître. Gaïetan et Merkel seraient morts, eux, le long du canyon de la Rivseine. Ils ne savent même pas construire un igloo !

Pour les habitants des Malroches, dire de quelqu'un qu'il ne savait pas construire un igloo était la pire des insultes. La preuve d'une incapacité crasse. Denilo avait dégusté les compliments si rares de son père avec délectation. Mais cet instant de pur bonheur n'avait pas duré. Cinq minutes après Velten l'envoyait chercher du bois à brûler dans les grottes de Soulahaine. Et c'était là qu'il avait vu l'étrange animal.

— Est-ce que je pourrai aller vers Soulahaine, père, lorsque j'aurai pris des poissons ?

— Pense déjà à ta pêche pour ta mère, et si elle en a assez pour le repas du soir, alors oui, tu pourras aller dans les grottes. Et si tu trouves du bois à brûler, ne te prive pas de le rapporter. Tu n'oublies pas ta besace !

D'un petit tapotement sur le côté de sa pelisse, Denilo fit comprendre à Velten que la besace était déjà accrochée à sa taille.

— Bonne journée, père, dit l'enfant avant de s'éloigner vers le lac.

La glace faisait d'étranges et longs cristaux d'une vingtaine de centimètres. Denilo se mit bientôt en nage à force de taper avec le pic de silex qu'il avait apporté sur son épaule. Le trou fut enfin suffisant pour qu'il y jette le filin et son épine avec l'appât confectionné par sa mère, une pâte où elle mélangeait des restes de nourriture et des têtes de poissons pilées avec le peu de farine qui lui restait de ce que le loin-porteur lui avait troqué lors de sa dernière tournée dans la région des Malroches.

Bientôt la corde se tendit, et Denilo ferra d'un coup sec avant de remonter un beau poisson argenté. C'était une femelle. Son ventre était gonflé d'œufs.

Hester serait contente, elle pourrait faire griller cette laitance et chacun d'eux se régalerait de ce mets rare. Lorsqu'il eut mis plusieurs prises dans sa besace, Denilo plia bagages. C'était l'heure du retour. Mais pas avant d'avoir rendu sa visite hebdomadaire au petit lapin tondu. Denilo cacha pic, poissons, filin et hameçon le long du chemin pour les reprendre au retour, puis il allongea le pas en direction du trou caché, par où il descendait dans les grottes de Soulahaine.

Il était le seul à connaître cet accès. Il en était sûr, car un soir lors d'une veillée autour de Gaïetan le Liseur, le petit garçon avait prêché le faux pour savoir le vrai et il avait compris que personne mis à part lui ne connaissait l'existence de la salle de la Fleur. Il l'appelait comme ça à cause de l'étrange dessin qui ornait la porte d'une épaisseur incroyable donnant sur l'immense pièce. S'il n'y avait pas eu récemment un glissement de terrain dû à la poussée d'un glacier, la porte aurait sans doute été encore fermée. Mais elle gisait de biais, sortie de ses énormes gonds, et Denilo avait réussi à s'y faufiler en direction de la douce lumière qui en filtrait. Il poursuivait ce jour-là un animal, un étrange lapin bien différent de celui que Gaïetan lui avait montré à la lettre L dans l'abécédaire.

— Grandes oreilles, petite queue en pompon, fourrure douce, tu vois Denilo, ça s'appelait un lapin.

L'animal de Denilo avait bien de grandes oreilles, mais il n'avait ni queue en pompon ni fourrure douce. Il était totalement glabre, il faisait cinquante centimètres de haut, et sa peau avait l'apparence écailleuse des gros poissons du lac.

— Où es-tu, mon Tondu ? murmura le petit garçon en se faufilant dans la salle de la Fleur.

Quasiment aussitôt, le petit lapin arriva en bondissant de joie autour de l'enfant. Le reste de la famille restait en retrait, effrayée par cet intrus qui persistait à violer chaque semaine leur refuge. Le père lapin était même parfois menaçant avec ses longues dents affûtées qu'il exhibait en direction de Denilo en retroussant les babines. La mère, elle, se contentait de rabattre ses longues oreilles sur son dos moucheté. La portée était de trois, deux petites lapines et son gentil mâle.

Tondu poussait des petits couinements d'aise en tournant autour de Denilo. Mais dès que l'enfant tendait la main, il reculait aussitôt. Denilo espérait qu'un jour il parviendrait à le caresser. Comprenant l'impatience du petit lapin, le garçon sortit de sa poche le reste d'appât qu'il n'avait pas consacré aux poissons et lança la boulette en direction de son ami, qui se précipita pour grignoter la friandise. Les autres auraient bien voulu s'en emparer, mais Denilo les chassa en frappant dans ses mains, et la famille lapin disparut derrière les cubes de lumière. Denilo examina en détail celui qui était le plus près de lui. À la différence des autres, pour la plupart intacts, celui-là était fendu sur toute sa hauteur. En son centre, le récipient qu'il renfermait était bien cabossé. Denilo passa sa paume sur les lettres gravées dans le bloc de verre : HAVL. Qu'est-ce que ça pouvait bien vouloir dire ? Merkel, qui connaissait le son des lettres car son père l'initiait au rôle de Liseur, lui avait dit que ces quatre lettres se prononçaient *Avel.* Du coup, Denilo supposait que c'était le nom de celui qui, avant les âges sauvages, avait caché ici son trésor. Un trésor dont Denilo n'avait jamais parlé à qui que ce soit. Pas même à sa sœur. Un jour peut-être lui confierait-il son secret ? Mais pour l'instant, il savourait le plaisir d'être le seul à pouvoir coller sa joue contre ces dizaines de cubes de verre renfermant des cylindres d'où sourdait la lumière. C'était chaud, ça brillait, c'était tout simplement beau et c'était... à lui !

Un petit cri de Tondu rassasié et disparaissant derrière les cubes lui rappela qu'il allait être en retard pour le repas. Il fila jusqu'à la porte où, avant de partir, il effleura du doigt le dessin de la fleur.

Le printemps était là. Tout était relatif bien sûr. Au lieu des habituelles températures en dessous de trente, on atteignait dix degrés rassurants, qui permettaient aux enfants de laisser leurs lourdes pelisses dans les cavernes.

Il faisait chaud, et pourtant Denilo tremblait. Au fil des mois, il avait perdu l'éclat joyeux de son regard en perdant l'appétit. Sa mère et son père avaient tout tenté pour lui redonner l'envie de vivre, mais le petit garçon était rongé de l'intérieur par une maladie dont personne dans les Malroches n'avait encore vu la manifestation. Le petit corps martyrisé de Denilo faisait pitié à tous ceux qui lui rendaient visite. Des saignements de nez et de bouche le laissaient brisé de fatigue. Sa peau était rouge par plaques en de nombreux endroits, et surtout tous ses cheveux étaient tombés.

Hester l'appelait mon petit tondu, et chaque fois que sa mère le serrait contre lui en le nommant ainsi Denilo pensait à son lapin, qui là-bas dans la salle de la Fleur, devait être grand maintenant. Les larmes lui venaient aux yeux lorsqu'il pensait à son ami. L'animal avait dû le prendre pour un lâcheur de ne plus venir lui apporter ses boulettes d'appât. Chaque jour Denilo se jurait que, quand il serait guéri, il retournerait à la grotte de Soulahaine. Et cette seule idée le faisait tenir au-delà des limites tolérables de la souffrance.

Ce soir-là, la veillée avait lieu dans la caverne de Velten. Autour de Gaïetan la foule des amis se pressait, car Denilo avait manifesté le désir d'entendre le Liseur raconter le passé. Merkel avait transmis la demande à son père. Le fils du Liseur venait souvent au chevet de Denilo. Oh, Denilo ne se faisait guère d'illusions, il savait que Merkel passait surtout pour voir Jenila. Ces deux-là semblaient avoir choisi de s'aimer bien jeunes. Mais les couples se formaient tôt dans les Malroches. Il fallait faire des enfants, beaucoup d'enfants pour en voir quelques-uns survivre.

Une fois le calme établi dans la caverne, la voix grave de Gaïetan s'éleva.

— Nous sommes ici pour faire plaisir à Denilo, commença-t-il. Y a-t-il quelque chose dont tu aimerais que je parle, Denilo ? À toi de choisir le sujet de notre veillée.

— Parle-nous des âges sauvages, Liseur, intervint Velten. C'est une époque que Denilo aime bien.

— Oh oui... murmura l'enfant. Dis-nous comment est venu le froid.

— C'était il y a plus de vingt mille ans, répondit le Liseur. Je l'ai lu dans un des manuscrits en ma possession. Il faisait chaud, trop chaud... Le peu de glace que possédait la Terre dans ces temps-là a fondu. L'eau douce a envahi les océans. Les courants chauds ont arrêté de couler à travers les mers, et les courants froids sont devenus de plus en plus forts. Ils ont gelé le monde, et les glaces sont descendues des pôles jusqu'en Leurope pour raser les montagnes, creuser les canyons et laminer les sols jusqu'à l'os, donnant naissance aux Malroches.

Après un temps de silence, le Liseur ajouta :

— Avant les âges sauvages, la Terre était un jardin avec des bêtes qui couraient au milieu des fleurs...

« Tondu... » pensa Denilo avant qu'une quinte de toux ne le plie en deux au point d'interrompre le Liseur. Sa mère le redressa contre elle, et ainsi réconforté il put reprendre un peu de souffle. Suffisamment pour demander encore à Gaïetan :

— Reste-t-il des habitations d'avant le froid par ici ?

— Impossible, lui répondit le Liseur. Il aurait fallu que les hommes de cette époque descendent très très profond. Les glaces ont usé Leurope sur près de trois cents mètres. C'est la raison pour laquelle il ne nous reste que le souvenir de leurs villes, comme Parisse. Ils ne construisaient pas leurs maisons en profondeur.

— Les Fondemines existent pourtant, objecta un des hommes présents.

— Bien sûr, admit Gaïetan, ils creusaient le sol pour y trouver de quoi faire avancer leurs machines : karbon, gassoile... Ils y trouvaient aussi le sel. Et grand merci à eux d'avoir pensé à protéger les Fondemines pour le sel. Sinon nous n'aurions rien pour conserver nos aliments quand le froid recule. Cependant, je l'affirme, ils ne vivaient pas au fond.

— Et les grottes de Soulahaine ? lança du fond de la caverne une autre voix. On dit qu'un trésor y est caché.

Le cœur de Denilo battit soudain plus vite. Quelqu'un avait donc trouvé la salle de la Fleur ?

— Qui dit cela ? demanda le Liseur.

Personne ne répondit.

— Il n'y a rien à Soulahaine ! asséna le Liseur sur un ton qui n'admettait aucune réplique. C'est une légende de dire qu'il y a un trésor enfoui là-bas. Tout ce qu'ont créé les hommes d'avant les âges sauvages a disparu. TOUT ! gronda encore le Liseur avant de se lever pour quitter la caverne. Si quelque chose leur avait survécu, ne serais-je pas le mieux informé ?

Un rictus déformait la bouche du Liseur. Une fois de plus, toute la communauté des Malroches courba le dos devant cet homme qui n'admettait jamais d'être contredit. Il sortit.

La veillée était gâchée.

Lentement, chacun quitta la caverne. Merkel s'attarda un peu à l'intérieur, profitant de ce que Velten et Hester bavardaient dehors avec quelques amis. Enfin seuls au monde, les amoureux s'embrassèrent. En les regardant, Denilo eut un rire qui se brisa en quinte de toux rauque. Jenila courut vers son petit frère.

Au bout d'un moment il put à nouveau parler mais il était livide, épuisé. Merkel s'était approché. Les deux jeunes gens échangèrent un regard navré. C'était la fin. Jenila posa sa main sur le front de son frère.

— Son père a menti, marmonna l'enfant.

— Qu'est-ce que tu dis ? s'étonna l'adolescente.

— J'ai trouvé le trésor de Soulahaine, murmura le petit garçon dans un souffle.

Merkel fronça les sourcils en entendant Denilo et se pencha à son tour vers le lit de fourrure où gisait l'enfant.

— Tu veux dire que mon père se trompe ?

Le petit garçon hocha affirmativement la tête.

— Je m'en doutais, jubila le jeune homme. Il est trop têtu pour l'avouer, mais il y a des choses qu'il ignore.

— Il faut... trouver... la fleur, haleta Denilo.

Il parvint à se mettre de côté sur sa couche. Et dans un dernier geste, de son petit doigt tremblant, les larmes lui piquant les yeux à l'idée qu'il ne reverrait jamais son lapin, il dessina sur le sol sableux, en guise de cadeau d'adieu pour Merkel et Jenila, le symbole de la grande salle d'enfouissement.

Des années plus tard, une Liseuse orpheline nommée Fleur découvrit, loin de sa terre natale dévastée, la signification des quatre lettres désignant les déchets de Haute Activité à Vie Longue.

Le Petit Lapin tondu, de Danielle Martinigol

2. LES INONDATIONS

À force d'abîmer notre planète, de la torturer, celle-ci risque un jour de se mettre à pleurer, à pleurer. Des larmes de colère et de tristesse. Elle l'a déjà fait dans le passé, paraît-il. Seul Noé en a réchappé, à bord de sa fameuse arche. En laissant fondre toutes les glaces accumulées à ses pôles, la Terre va submerger de nombreux territoires. Les orages seront terribles, les moussons effrayantes, les cyclones permanents ! Comme si la Terre voulait, à l'aide d'une éponge mouillée, effacer du tableau de la vie cette espèce humaine qui a pris si peu soin d'elle !

Donald A. Wollheim, grand éditeur de magazines de science-fiction et également auteur de renom, a écrit la nouvelle qui va suivre en 1942 ! Oui vous avez bien lu, 1942. Comme quoi les auteurs de SF pensent et voient loin. Croisons les doigts pour que cette histoire n'arrive jamais...

Aquella, de Donald A. Wollheim

Je vis cette merveilleuse planète bleue qui étincelait dans l'espace devant moi. Je me dis que j'y trouverais l'endroit dont je rêvais pour y poser mon yacht spatial et mettre un terme à mon long vagabondage.

Je venais de voyager pendant plusieurs mois, à la paresseuse, dans les vastes étendues interstellaires. Mes vacances n'étaient guère terminées et je savourais d'avance les milliers d'endroits paradisiaques qu'on peut trouver dans l'espace.

J'avais vu déjà la faible clarté cuivrée des mondes d'Altaïr, j'avais pénétré dans les cavernes de Polaris, j'avais déambulé dans les villes splendidement organisées sur une centaine de planètes civilisées et aussi dans les jungles étouffantes d'une centaine de mondes colonisés. Et voici que j'apercevais cette planète, toute bleue, couverte d'une mer tranquille pointillée de petites îles. Je me dis que c'était là l'endroit où m'arrêter et me détendre.

Doucement, je posai mon vaisseau argenté sur une des îles les plus vastes, non loin d'une petite ville nichée au bord de l'eau.

Je sortis. Une brise chaude, chargée du parfum des fleurs, me caressa le visage. Et le doux mouvement des arbres chargés de verts feuillages me transmit comme un message de paix. Je sus que vraiment c'était l'endroit de ma détente. Des gens vinrent vers moi – la peau rose, les cheveux dorés et le regard triste – et je fus heureux.

Ils me dirent que cette planète s'appelait Aquella et que les étrangers des autres étoiles les honoraient rarement de leur visite. Je m'en étonnai, car elle se trouvait dans un secteur assez dense de l'espace et ce lieu idyllique n'aurait pas dû échapper à l'attention de tous ceux qui cherchent des endroits de vacances.

Si vraiment il existait une planète de vacances, c'était bien celle-ci, me dis-je. Apparemment on n'y connaissait pas l'industrie. Je ne voyais ni usine ni machine. Un monde d'eau, et une poignée d'îles répandues à la surface. La population ne devait pas dépasser quelques millions sur un territoire qui devait être immense. Pas de bêtes malfaisantes, pas de maladies, pas de climat difficile. Le temps était toujours clément, me dit-on, et les fruits venaient en toutes saisons.

Rien n'aurait dû troubler mon bonheur. Et pourtant quelque chose m'inquiétait sourdement. Les indigènes étaient d'un abord franc, mais je percevais une sorte de réserve dans leur attitude, quelque chose d'impondérable. Ces gens au teint rose avaient une façon si simple et si plaisante de vivre qu'on voyait tout de suite qu'ils n'avaient rien de sauvage, au contraire.

À leur comportement on devinait des êtres civilisés, et leurs connaissances, bien qu'ils parussent indifférents au problème de la Fédération stellaire, ne me semblèrent pas négligeables.

Ma peau noire et mes habits nufricains auraient dû, au moins, exciter la curiosité des enfants, puisque leurs visiteurs étaient très rares. Là aussi, je perçus cette légère réserve dans les contacts. Les enfants ne manifestaient pas l'enthousiasme que j'avais rencontré chez les enfants des autres mondes.

Bref, ces gens étaient accueillants, mais je pris lentement conscience d'une sorte de malaise.

J'avais peine à le cerner, et pourtant après quelques jours je me sentis mal à l'aise. Peut-être la rareté des visiteurs était-elle la première cause ? Pourquoi cette magnifique planète n'était-elle pas devenue un paradis de vacances ? Les vastes océans – généralement peu profonds, me dit-on, mais en certains endroits abyssaux – les îles d'un vert lumineux, les habitants et leurs chants languides et doux, cette planète possédait de nombreux atouts. Oui, décidément, c'était cette réserve, ce retrait.

* * *

Quelques jours après mon arrivée, je me liai d'amitié avec Salur, un aimable garçon de cette île où je m'étais posé. Il m'accompagnait volontiers et on aurait dit qu'il participait au plaisir que j'éprouvais en découvrant son admirable pays.

J'appris de lui un certain nombre de choses, mais de façon détournée. Il affirmait qu'il ne savait vraiment pas pourquoi d'autres visiteurs ne venaient pas plus souvent chez lui. Il ne me contredit pas tout à fait quand j'émis l'hypothèse que cette planète Aquella était en partie une sorte de colonie. Cette idée m'était venue en constatant l'absence d'industrie. Mais Salur n'était pas entièrement d'accord sur ce point. Il me dit que jadis ce monde était beaucoup moins recouvert par les eaux et que son état présent était dû au planning des enquêteurs de la Fédération stellaire.

Il eut un jour un éclair étrange dans le regard et détourna brusquement la tête quand il m'expliqua que jadis cette planète était un monde volcanique secoué par de continuelles éruptions et par des geysers. La Fédération stellaire avait changé tout cela. Elle avait inondé cette planète pour éteindre les mouvements du sol et en avait fait le paradis que j'avais découvert. Peut-être avait-on pris cette décision pour en faire un lieu de vacances, mais visiblement la planète ne l'était pas devenue.

Je laissai mon regard errer sur le bleu de l'océan silencieux et je savourai la tiédeur de l'air et la chaleur du ciel. Immense océan et peu profond. Il aurait pu accueillir les bateaux de plaisance de centaines de planètes. Et pourtant rien ne bougeait à la surface, sauf une caravelle aux voiles rouges.

Salur, lui aussi, restait silencieux. Une fois de plus je m'interrogeai sur cette étrange tristesse qui imprégnait le regard des gens de sa race. Quelque chose devait être profondément enfoui dans le passé de ce peuple.

Je me rappelai qu'il avait admis qu'Aquella était en partie une colonie. Ceci impliquait que son peuple était vraiment autochtone et n'était pas composé d'immigrants d'autres planètes. Je me souvins que nulle part je n'avais rencontré d'humanoïdes à la peau rose. Des Noirs, des Bruns, des Rouges, oui. Le peuple d'Algol a la peau d'un bleu vif, celui de Sango a la peau dorée et le mien a la peau d'un noir brillant. Mais je ne connaissais aucun monde où les gens avaient la peau rose. Ils devaient être là depuis toujours, et c'était sans doute le souvenir d'un terrible passé, d'un passé de volcans, de lave et de craquements, qui traînait dans leur inconscient collectif et leur donnait cette tristesse.

Je proposai à Salur un voyage vers une autre île et il accepta indolemment.

Nous avons pris place dans une vaste barque en forme de coquille, nous avons hissé la voile rayée, et nous avons glissé doucement sur l'eau azurée. Bientôt notre île s'éloigna derrière nous pour s'effacer à l'horizon. Nous étions seuls sur le désert de la mer bleue.

Je scrutai les fonds mais je n'aperçus rien. Je fis quelques allusions discrètes à l'étrange absence de poissons. Je savais que cette lacune ne pouvait être comblée qu'après un certain nombre de siècles. Et sur cette planète, dont le remodelage ne remontait qu'à peu de siècles, il était normal que quelques défauts subsistassent.

Salur, lui aussi, contempla les fonds marins et ne dit rien. Je perçus cette étrange tristesse qui s'emparait de lui – une tristesse, mais aussi quelque chose d'autre. Cette chose me donna un léger frisson qui me parcourut le dos.

* * *

Quand la nuit tomba nous étions toujours au large. Nous nous étendîmes sur le dos, et nos regards s'enfoncèrent dans le bleu du ciel, guettant la palpitation de myriades d'étoiles. Peu à peu je me sentis gagné par le sommeil car le ciel devenait brumeux et les étoiles s'effaçaient dans la grisaille. Soudain le bateau se mit à vibrer sèchement et je me relevai aussitôt.

Salur, lui aussi, s'était relevé et regardait la mer.

Je m'exclamai :

— Il pleut. Et moi qui croyais qu'il ne pleuvait jamais !

Salur prolongea son observation avant de répondre.

— Aquella n'est pas encore parfaite, dit-il. Mais ce n'est pas exactement de la pluie.

Il avait parlé d'une voix lente et comme tendue.

Je regardai la mer déserte et je vis que les vagues battaient la surface et créaient d'étranges tourbillons. Une idée me vint brusquement : c'est un séisme, un tremblement de terre, le dernier sursaut, sans doute, d'un volcan qui n'est pas encore éteint.

Le ciel était d'un noir opaque, sans aucune étoile. La tempête, sans doute, accompagnait le séisme.

L'affaire devenait rapidement dangereuse. Je regardai autour de moi. Salur était assis à l'autre extrémité du bateau et il parcourait la mer démontée d'un regard ravi.

Je me ressaisis. Le bateau ne pouvait pas couler. Je connaissais le matériau dont il était fait. Il ne pouvait ni se fendre, ni se retourner, ni sombrer. Sous ses dehors très simples, il était assuré de survivre, grâce à la science de la Fédération stellaire.

Je m'attachai solidement au pont par ma ceinture et me réjouis de goûter le spectacle de la dernière colère d'une planète encore partiellement indomptée. Peut-être avais-je trouvé la réponse à mon énigme :

les visiteurs étaient rares parce que la planète n'était pas sûre. Sans doute avais-je manqué quelque signalisation avant de me poser.

Salur parut deviner mes pensées. Pendant un bref moment il détourna son regard de l'obscurité sauvage et me dit :

— Ceci n'est pas arrivé depuis cinq générations.

Un frisson, de nouveau, me parcourut. Pourquoi cette voix était-elle ainsi tendue, aiguë ? Pourquoi me semblait-elle soudain plus âpre ? Pourquoi les yeux de Salur étaient-ils privés de tout éclat ? Je sentis qu'à cet instant je n'étais plus loin du secret que ce peuple portait en son cœur. J'allais bientôt connaître les raisons qui en faisaient une race séparée.

Parfois, il m'arrive aujourd'hui de souhaiter que cette révélation m'ait été refusée, de souhaiter que la tempête se soit calmée.

Mais très rapidement l'obscurité s'épaissit encore. Un premier éclair la déchira, puis un second – et vint le tonnerre, dans un hurlement violent. Le bateau tanguait et roulait sous les assauts furieux des vagues qui venaient se briser sur le pont. Un roulement sourd montait des profondeurs des eaux. Je percevais les grincements et les vibrations. Salur, debout sur le bateau, insouciant du danger, les cheveux rejetés en arrière, les yeux étincelants, demeurait face au vent. Les eaux se tordaient dans la démence, le tonnerre grondait et la lumière des éclairs découvrait en de brefs moments cette scène d'agonie. Un nouveau craquement fit un bruit déchirant. Le fond de l'océan était torturé par des séismes successifs.

C'est alors que Salur poussa un cri et tendit le bras en avant. Je regardai dans cette direction. L'océan était divisé : à la lumière aveuglante d'un éclair je vis une masse de rochers gris qui creva soudain la surface de l'eau, émergeant, ruisselante, comme un sous-marin qui fait surface. Aussitôt je vis, alentour, d'autres masses émerger. Dans un vacarme assourdissant, un énorme fragment de sol s'éleva plus haut que le niveau de l'eau.

C'était une immense plaine humide où dégoulinaient des ruisseaux d'eau noire, marquée par des traînées de végétation blanche et verte, par des plantes aquatiques ; des collines et des falaises rocheuses étaient couvertes de limon.

Je vis ensuite, dressées contre le ciel noir d'orage, des tours de métal, tordues et démantelées. À la lumière d'un nouvel éclair, je distinguai des monceaux d'armes écrasées et un horrible enchevêtrement de chaînes d'acier accrochées à des roues dentées. Un canon dressait en plein ciel son terrible groin noir, chargé d'herbes et de plantes qui pendaient.

Je ne vis ce spectacle que pendant un moment assez bref, car aussitôt ce fragment de terre sombra dans la mer. Salur, debout à la proue du bateau, agitait les mains et hurlait à pleins poumons. J'entendis ce qu'il disait – et ce qu'il disait n'aurait jamais dû être entendu par un homme civilisé.

J'appris ainsi ce qu'était Aquella et pourquoi elle connaissait si peu de visiteurs.

Le matin se leva. La tempête n'était plus qu'un souvenir terrifiant et le soleil brilla sur une mer tranquille et azurée. Nous avons hissé la voile pour regagner notre île.

Je flânai dans les rues de la petite ville. Je compris que les gens savaient que je savais. J'aperçus un peu de lumière au fond de leur regard. Et je sus pourquoi cette tristesse morbide les empêchait de jouir de leur monde merveilleux.

Je sus aussi pourquoi je n'avais jamais rencontré d'être à la peau rose dans les mondes de l'espace interstellaire.

Avant de monter dans mon yacht spatial qui allait m'emmener loin de cette planète pour toujours, j'interrogeai Salur une dernière fois.

— Ce monde ne s'est pas toujours appelé Aquella, n'est-ce pas ?

Il me regarda et fit non de la tête.

— Avant qu'elle soit inondée, cette planète ne s'appelait pas Aquella, dit-il.

J'hésitai avant de préciser mes pressentiments. Pourtant il le fallait. J'avais déjà la main sur le déclic du sas d'entrée. Je lui dis :

— Le nom de cette planète, avant qu'elle ne soit assainie, c'était...

Salur me regarda fixement. Il acheva ma phrase à voix basse :

— Terre, dit-il.

Je montai et refermai le sas.

Aquella, de Donald A. Wollheim

3. LA POLLUTION

Sachez que le temps de lire ces quelques lignes d'introduction, il y aura 100 tonnes de CO_2 émis dans l'atmosphère, accompagnées d'une tonne d'oxyde d'azote et d'une tonne de dioxyde de soufre. Mais qu'également 1 000 tonnes de déchets industriels seront produits. Terrifiant n'est-ce pas ? Ah ! léger détail, les chiffres que je viens de vous communiquer ne concernent que la France ! Voyez ce que cela représente à l'échelle de la planète !

Pour son confort matériel, l'homme consomme, donc produit et, bien entendu, pollue à tour de bras. Mais jusqu'où cela va-t-il aller ? Jusqu'à l'épuisement de toutes les ressources naturelles ?

Thomas Disch, un auteur magnifique, depuis longtemps porté sur les problèmes de notre Terre, nous sert une nouvelle dure mais réaliste. Son originalité est que le regard du personnage principal n'est pas celui d'un être humain, mais celui d'un...

Je n'en dis pas plus, aspirez une bonne bouffée d'air, de préférence pas trop polluée, et plongez dans notre enfer !

Les Oiseaux, de Thomas Disch

— Je ne peux pas comprendre comment ils ont pu faire une chose pareille, dit Daffy d'une voix qui s'étranglait.

— Les gens, tu sais, commenta Curtis.

Pour lui, cela expliquait tout.

— Oui, mais *comment ?* insista-t-elle en décollant un peu de duvet des œufs lisses et froids.

— Ce n'est pas ta faute, chérie. C'est ce spray qu'ils mettent sur tout. C'est la science.

— Moi, j'appelle ça de la haine.

— Allons, allons.

Curtis enfonça son bec dans ses plumes engluées d'huile brunâtre. Ces scènes le plongeaient toujours dans l'embarras.

Il faut essayer de voir les choses de *leur* point de vue.

— Eh bien, regarde donc *ça* de leur point de vue.

Elle brisa férocement la fragile coquille et en sortit un caneton à peine formé.

— Voilà à quoi mène ta fichue...

Avec le caneton dans son bec, elle ne put prononcer le mot « objectivité ».

Alarmé, Curtis déploya les ailes et s'éleva à une faible hauteur – les plumes huilées ne permettaient pas un vol prolongé. Il se posa quelques mètres plus loin sur la surface lisse de la mare.

Daffy laissa tomber le petit être sans vie dans le nid. Elle touchait le fond du désespoir. Tout ce qu'elle avait jamais fait, tous les instincts qui l'avaient poussée, le moindre duvet qu'elle avait arraché à sa maigre poitrine, avaient fini par aboutir à... ceci.

Tandis que sa femme broyait du noir sur la rive, Curtis plongea au fond de la mare, dans l'espoir de trouver quelque chose de comestible dans l'amas de détritus non biodégradables. Il travaillait avec une farouche détermination, et finit par découvrir une algue d'une bonne cinquantaine de centimètres de long. Tout fier et couvert de boue, il alla en se dandinant la déposer aux pattes de sa femme.

Elle en avala goulûment la moitié, puis, avec un haut-le-cœur, recracha la bouillie noirâtre.

— Ça a un goût de... dit-elle, utilisant un terme que l'on ne peut décemment imprimer.

Curtis goûta l'algue du bout du bec.

— Si seulement c'était le cas, dit-il en plaisantant.

Daffy éclata de rire.

— Force-toi à manger un peu, l'encouragea Curtis, prenant son ton raisonnable qui avait le don de mettre Daffy hors d'elle. Il faut préserver tes forces.

— Ah ! oui ? Et pour quoi faire ?

— Tu m'aimes ?

Daffy détourna la tête et l'enfonça presque entièrement sous son aile gauche.

— Alors ? Tu m'aimes ?

— Oui.

— Eh bien, voilà pourquoi. Tant qu'on s'aime, tout n'est pas perdu !

La première réaction de Daffy fut d'en douter.

L'amour ? Tout son être n'était qu'instinct et amour – mais pas pour Curtis, seulement pour ces pauvres petites créatures sans vie, dans le nid. Mais son mari ne pouvait pas comprendre cela, et elle n'y tenait peut-être pas tellement. Étouffant ses protestations, elle se pencha en avant pour manger l'algue noirâtre et à demi décomposée.

C'était l'automne. Les feuilles qui avaient survécu à l'été étaient depuis longtemps tombées des arbres. La multitude d'insectes divers dont ils s'étaient nourris tout au long d'août et de septembre avait disparu aussi soudainement qu'elle avait fait son apparition. Le fond de la mare n'était plus jonché que de plastique et d'aluminium.

Ils savaient ce qu'ils devaient faire. Le besoin de voler leur démangeait les muscles des ailes et de la poitrine, aussi fort que la pulsion sexuelle, et pourtant, une étrange répugnance les faisait s'attarder aux bords de cette mare sans vie. Une sorte d'instinct contre nature s'opposait à celui qui les faisait s'élever dans les airs, les forçant chaque fois à regagner, tout désorientés, la surface aquatique encore troublée par leur envol.

Curtis avançait un certain nombre de théories pour expliquer ce comportement aberrant : un syndrome de panique, une altération génétique, leur régime inadéquat, une déviation des pôles magnétiques... Mais la logique était vaine face à ce qu'ils *ressentaient* dès qu'ils avaient atteint une certaine altitude, face à cette terreur absolue, contre laquelle ils ne pouvaient rien.

— Mais nous ne pouvons pas rester ici, protestait Daffy, dont la seule argumentation consistait à répéter un fait incontroversible. Je t'assure, nous ne *pouvons* pas.

— Comme si je ne le savais pas.

— Il va se passer quelque chose de terrible.

— Cela aussi, je le sais.

— Mais moi, je le *sens*. Ça me glace les os.

— Daffy, j'essaie de *réfléchir*.

— Réfléchir ! Cela fait des semaines que tu ne fais que ça et où en sommes-nous ? Regarde ces arbres ! Touche cette eau – elle est comme de la glace !

— Je sais, je sais.

— Demain, il faut se décider. Oui, il *faut*.

— C'est ce qu'on dit tous les soirs, Daffy, et chaque matin, c'est la même chose – cette même frousse.

— Je ressens de nouveau cet incroyable besoin de voler.

— Moi aussi.

— Bien sûr, dit Daffy sombrement. Pourquoi ne le faisons-nous pas, alors ?

— Je sais ce que nous allons faire. Voler... chaque fois que nous essayons de partir d'ici, nous allons jusqu'à une certaine distance, et puis cette autre force prend le dessus. Exact ?

— Mais je croyais que tu venais de dire...

De nouveau, elle n'y comprenait plus rien.

— Nous allons marcher.

— Marcher ? Si loin ?

— Aussi loin que nous pourrons. C'est peut-être seulement dans cette région que nous ne pouvons pas nous envoler. C'est peut-être la vue de la mare, je ne sais pas...

— Mais je n'aime pas marcher ! Surtout pas loin.

Curtis s'abstint de poursuivre la controverse. Ramenant ses pattes sous lui, il enfouit sa tête sous l'aile et fit semblant de dormir. Daffy, qui aimait peser le pour et le contre de toute décision majeure, monologua encore longtemps, tout en décrivant des cercles erratiques sur la mare. Elle finit toutefois par reconnaître que Curtis avait raison.

Au lever du soleil, ils se mirent en marche vers le sud.

Devant eux, la route s'étendait à perte de vue, sèche, grise et aride, aussi lisse que la plus calme des eaux. Des machines gigantesques passaient à toute allure, si vite qu'elles paraissaient tomber vers l'horizon. Les deux canards continuaient à avancer péniblement, ignorant les machines et ignorés par ces dernières. Daffy aurait préféré rester dans les champs en friche, mais Curtis lui avait assuré qu'ils iraient plus vite sur la route. Ce n'était pas tellement qu'elle se sentait en danger, mais surtout que le *vroum, vroum* incessant rendait toute conversation impossible.

Tous deux étaient terriblement fatigués ; pourtant, le besoin de s'élever dans les airs était toujours aussi fort. Une fois, un peu plus tôt, Daffy avait juste voulu se dégourdir les ailes, mais l'instinct l'avait fait s'élever comme le tourbillon d'un cyclone. Curtis l'avait rattrapée *in extremis* par le petit anneau de métal qu'elle portait à la patte. Un moment, il avait semblé qu'elle allait l'entraîner vers le ciel, puis ses ailes avaient cédé, et elle était lourdement retombée sur le sol, déchirée entre la honte et le désir.

— Ça y est, je ne peux plus marcher ! Tu m'as cassé la patte.

— Penses-tu, dit Curtis, tout de même un peu inquiet.

— Je vais mourir. Il faut que je vole !

— Si tu t'envoles maintenant, ça va être comme les autres fois.

— Non, Curtis, j'ai dépassé ça. Je crois vraiment que je l'ai dépassé.

— Dès que tu seras en haut, tu verras la mare, et tu y retourneras tout droit. Et tous ces efforts n'auront servi à rien.

— Je serai prudente. Je te le promets.

— Il n'en est pas question, Daffy.

Sur ce, il s'était remis en marche. Elle avait attendu, espérant qu'il se retournerait, puis avait fini par le suivre, les ailes serrées contre le corps.

Vers le soir, la route s'était incurvée dans la direction où le soleil se couchait derrière un nuage de fumées industrielles. Ils se trouvaient sur le côté droit de la route, et pour continuer vers le sud, il aurait fallu la traverser. Mais la circulation était pire que jamais.

— Si on volait ? hasarda Daffy.

— Non, nous attendrons, rétorqua Curtis sur un ton péremptoire.

Ils attendirent et attendirent, mais il y avait toujours des voitures, dans une direction ou dans l'autre.

Elles avaient allumé leurs phares, et Daffy avait le vertige en voyant leurs ombres s'allonger puis disparaître sur le ruban de béton. Finalement, ils abandonnèrent et descendirent dans le fossé bordant la route. Par un coup de chance, ils y trouvèrent une adorable flaque pour passer la nuit.

En se réveillant le lendemain matin, la première chose que Daffy vit fut la lueur méchante des yeux d'un rat, à moins d'un mètre devant elle. Automatiquement, elle essaya de s'envoler de la flaque, mais ses ailes se refusèrent à bouger. Elle poussa des cris hystériques, réveillant Curtis, qui vit le rat, mais resta lui aussi étrangement immobile. De même que le rat, d'ailleurs.

« Tout ceci n'est pas réel, pensa Daffy. Je fais sûrement un cauchemar. »

Curtis, calme comme toujours, avait quant à lui atteint une autre conclusion :

— La flaque a gelé au cours de la nuit. Nous sommes pris dans la glace ; voilà pourquoi nous ne pouvons pas bouger.

— Mais le rat... !

— C'est un rat mort, Daffy.

— Mais regarde-le ! Ces dents !

— Regarde-le, plutôt. Mieux encore, *se*
être là depuis au moins une semaine.

Curtis se mit à picorer méthodiquement la glace tout autour de lui et put bientôt aider Daffy à se dégager. Comme elle avait dormi dans le coin le moins profond de la flaque, ce ne fut pas facile, et elle perdit pas mal de plumes dans sa hâte.

Sur toute la longueur du fossé, il y avait des rats à divers stades de décomposition, ainsi que deux belettes mortes et un hibou à moitié dévoré. Daffy considéra cette légion d'ennemis hors d'état de nuire avec un mélange de peur et de triomphe. D'un côté, le monde serait certainement meilleur sans animaux de proie, mais de l'autre... Elle ne savait pas exactement ce qu'il y avait sur l'autre plateau de la balance, mais il y avait à coup sûr quelque chose.

— Daffy, viens voir, il y a une caverne.

— Pour l'amour de Dieu, Curtis, tu ne vas quand même pas... Curtis !

Elle arriva à l'ouverture trop tard pour l'empêcher d'y pénétrer.

— Regarde ! Il y a de la lumière à l'autre bout ! Ça passe sous la route !

— Reviens, Curtis !

Elle fit quelques pas dans l'obscurité. Curtis la devançait déjà de plusieurs mètres. Elle voyait sa silhouette contre le rond de lumière à l'autre extrémité de la caverne.

— Nous allons vers le sud, Daffy. *Vers le sud !*

Sa voix éveillait des échos inquiétants.

Daffy fit prudemment un pas en avant et posa la patte en plein dans le corps mou d'un rat. Elle bondit en arrière en hurlant et se cogna violemment la tête contre le plafond du conduit souterrain.

— N'aie pas peur, chérie. Tous ces rats sont morts, aussi morts que...

Juste à ce moment, le dernier rat survivant lui sauta à la gorge.

Curtis battit des ailes pour se dégager, en heurtant les parois de béton, mais son adversaire s'accrochait avec opiniâtreté, malgré sa faiblesse. Curtis le frappa des ailes et du bec et essaya de l'étouffer sous son poids, mais en vain ; le rat tenait bon. La lutte se poursuivit jusqu'à la mort des deux adversaires.

Daffy s'envola vers le sud. Elle vola pendant des jours et des jours, survolant de grands lacs gris et des villes plus grandes et plus grises encore, suivant des routes et des rivières sinueuses, traversant des nuages éblouissants et de la fumée âcre et piquante – toujours vers le sud. Depuis le moment où elle avait pris son essor, elle avait apparemment oublié Curtis. Elle ne faisait qu'un avec le rythme de ses ailes. À une ou deux reprises, elle connut un instant de panique, mais ce n'était pas le besoin fatal de regagner le nid où pourrissait sa progéniture. Non, elle se sentait simplement perdue, isolée. Lors des premières migrations de sa jeunesse, elle n'était qu'un atome de poussière dans une formation de huit ou neuf oiseaux, une partie d'une seule entité, d'une seule action, d'un unique désir. Mais cette angoisse céda bientôt la place à la certitude de retrouver, bientôt peut-être, l'unité primordiale.

Parfois, elle parlait toute seule : « Tout finit par s'arranger, après tout », se disait-elle. Ou bien : « Tu te fais de la bile, tu te ronges les sangs, tu crois que l'univers entier s'écroule sur ta tête, et soudain – le lendemain, il se met à pleuvoir ! Non, je ne prétends pas que le monde soit idéal. Ça serait stupide. Il suffit de regarder autour de soi pour voir... enfin, un tas de choses ! Mais si on tient le coup, et si on s'efforce de faire de son mieux ce qu'on est *obligé* de faire, tout finit par s'arranger. »

Elle continua inlassablement à voler, et en un rien de temps (bien qu'elle fût plus fatiguée qu'elle ne voulait se l'avouer) elle atteignit l'océan. Son moral était au plus haut. Ce n'était plus loin maintenant, tout au plus une journée de vol.

Pourtant, tandis qu'elle survolait l'étendue salée, un événement étrange se produisit. Au début, elle crut que c'était simplement dû à la fatigue. Ses ailes battaient l'air, mais c'était en vain. On aurait dit que la nature même de l'atmosphère avait changé. Elle perdit aussi le sens de l'orientation et dut faire un grand crochet sur sa droite, puis sur sa gauche, afin de retrouver une bonne perception du sud. Il lui semblait aussi entendre le tonnerre, bien que le ciel fut sans un nuage – en général lointain et faible –, parfois si fort qu'en fermant les yeux, elle se serait cru au beau milieu d'un orage.

— C'est absurde, couina-t-elle avec irritation.

S'il y avait eu un danger tangible, elle aurait eu peur. Mais il n'y avait rien.

L'air crépita, et quelques secondes furent arrachées à la régulière progression du temps vers le sud. Le tonnerre devint gigantesque, monstrueux, et soudain, juste au moment où il devenait intolérable, il cessa brusquement.

— Ouf ! Espérons que...

La voûte du ciel s'effondra. Et, tandis que le Concorde passait au-dessus d'elle, invisible, Daffy tomba comme une pierre, morte, vers l'océan perdu.

Les Oiseaux, de Thomas Disch,
traduit par Frank Straschitz

4. LA SURPOPULATION

En très gros, nous sommes actuellement 7,5 milliards d'individus sur cette planète. Chaque jour, 350 000 enfants naissent. 57 % d'entre eux voient le jour en Asie, 26 % en Afrique, les autres se répartissent sur le reste des continents. Nous voyons bien que l'Europe et l'Amérique du Nord n'interviennent que très peu dans le peuplement de la Terre. En faisant le décompte de ceux qui meurent, l'espèce humaine s'accroît de plus de 200 000 personnes chaque jour. Sommes-nous trop nombreux ? Vaste débat qu'il est impossible de trancher ici. Certains affirment que oui, d'autres que ce n'est pas le nombre qui compte, mais la surconsommation de certains... Suivez mon regard, nous sommes de ceux-là.

Lee Hoffman, en bon auteur de science-fiction, va un peu plus loin. Que serait une société qui exercerait une stricte limitation des naissances ? Quelque chose d'horrible à n'en pas douter...

Dans le silence du soir, de Lee Hoffman

L'holovision était baissée ; son jeu de couleurs était atténué en pastels doux et l'on entendait à peine la musique d'accompagnement. Les fenêtres, en position *translucide,* luisaient dans la chaleur du crépuscule. Le système de ventilation emplissait la pièce d'un air pur et frais, directement pompé de l'extérieur. Le monde entier était tranquille, chaud, agréable.

Installé dans son fauteuil favori, Winston Adamson sirotait un cocktail frais composé de jus de légumes tout en espionnant sa fille du coin de l'œil. Le fait de la regarder constituait pour lui une plaisante distraction.

Elle se tenait près du panier des chats, observant Tammy et les chatons avec une intense curiosité. Cinq chatons, cinq petites boules de poils vivantes qui se tortillaient en miaulant. La première portée de Tammy. Même de l'endroit où il se trouvait, Winston pouvait entendre le doux ronronnement satisfait de Tammy.

La fillette, Lorette, était actuellement la troisième enfant de Thea et Winston Adamson. Non pas leur troisième bébé. Il y en avait eu deux autres entre les deux aînés et cette petite fille. Il se surprit soudain à songer à ces deux autres. Jimmy et Beth. Tous deux étaient partis maintenant. Mais il restait encore Lorette. Elle avait les mêmes yeux clairs, la même petite bouche froncée, des mains vives – toujours cette curiosité, ce continuel besoin d'explorer. Et Winston ressentait le même plaisir en la regardant.

« Des enfants adorables », se dit-il avec fierté. Comme il était dommage qu'ils ne puissent pas rester toujours ainsi – rester gentils, mignons et petits.

Une pensée vaguement déplaisante effleura son bonheur, y laissant une cicatrice brune et fripée. Son fils aîné, Bob, ne suivait pas du tout le chemin que Winston aurait souhaité lui voir prendre. Le garçon débordait d'idées insensées dans son désir de *changer* le monde. *Changer* la perfection !

Sacré bon sang, pourquoi ?

Mais tandis que la question commençait à se former, Winston la repoussa. Il refusait de la considérer. Il n'aimait pas les questions et s'interrogeait rarement. La plupart d'entre elles avaient trouvé leur réponse bien avant qu'il ne songe seulement à se les poser. C'était mieux ainsi. Le fauteuil était confortable. La maison était confortable. Le monde était confortable. Winston se sentait satisfait. Il ne parvenait pas à comprendre pourquoi quelqu'un d'autre ne pouvait pas éprouver le même bonheur.

Cependant, sa fille aînée, Nancy, était parfaitement raisonnable. Elle paraissait ne jamais penser qu'aux garçons. Elle se marierait dans quelques années, et aurait ses propres enfants. Il aimait bien penser à elle.

Lorette tourna son regard vers lui. Elle sourit en voyant les yeux de Winston posés sur elle. Il savait que ce sourire lui manquerait, tout comme celui de Jimmy. Et celui de Beth. Mais il était encore jeune. Il y aurait d'autres enfants, d'autres sourires.

Une clochette carillonna et la porte d'entrée s'ouvrit. Ce devait être Thea qui rentrait de courses. Lorsqu'elle apparut sur le seuil, Lorette courut vers elle. Elle gratifia l'enfant d'un petit bécot et se tourna vers le miroir proche. Une lampe s'alluma aussitôt pour illuminer son visage. Thea retira son chapeau d'une manière précautionneuse afin de ne pas troubler l'arrangement soigneux de sa coiffure bouclée.

Lorette quitta sa mère et reporta son attention sur les petits êtres qui tétaient avec vigueur aux mamelles de leur propre mère.

— J'ai confirmé nos noms sur la liste d'attente, mais il faudra peut-être des années avant d'obtenir quelque chose, déclara Thea.

— Dommage, marmonna Winston avec un haussement d'épaules. J'aurais bien aimé garder celle-ci.

Thea hocha la tête, mais elle paraissait troublée. Ses yeux étincelaient.

— Tu aurais dû voir les gens à l'Administration de la Vie. Certains suppliaient littéralement pour obtenir leur permis. Je t'assure, Win, ils suppliaient.

Elle se laissa tomber dans son fauteuil favori en poussant un soupir et poursuivit :

— Une femme *pleurait*. En public. C'était humiliant de voir ça, tu peux me croire. Et ce n'est pas comme s'ils ignoraient...

La seule idée de voir une personne pleurer était très déplaisante. Winston se déroba devant cette pensée. Il ne voulait plus en entendre parler. Mais Thea semblait prendre un plaisir morbide à lui raconter tous les détails sordides. Il demeura immobile, s'efforçant de ne pas entendre les paroles qu'elle lui lançait.

L'image d'une femme qui pleurait en public persista dans son esprit. Il se révolta contre cette pensée qui l'irritait. Cette femme n'avait pas le droit de se conduire ainsi. Elle devait certainement savoir auparavant quelle était la situation. Tout le monde le savait.

Elle était tout à fait simple, logique, et raisonnable. Il y avait une limite à la population que la planète pouvait supporter pour conserver son bien-être. Cette limite se trouvait atteinte depuis bien longtemps. Pendant un moment, à l'époque de la Révolution Émotiviste, le désordre avait régné. Puis, lorsque la fureur se fut apaisée, les gens qui avaient gardé leur sang-froid avaient obtenu gain de cause. Avec le retour du calme et du bon sens, on s'était mis à chercher une solution logique – et on l'avait trouvée.

Un permis de vie était établi pour chaque individu. Il lui donnait droit de se reproduire et d'élever un enfant – un humain pour en remplacer un autre. Deux enfants pour chaque couple. C'était simple. Un décès, une naissance.

Comme tous les individus ne produisaient pas un rejeton pour les remplacer, les permis de ceux qui mouraient sans enfants pouvaient être redistribués, afin de permettre à certains couples d'élever un troisième enfant jusqu'à l'âge adulte. L'équilibre de la population était constamment maintenu.

Mais les enfants étaient tellement... tellement *mignons*.

Logiquement ou non, les gens voulaient des enfants. Ils désiraient pouponner, serrer contre eux des bambins, jouir de l'amour aveugle et sans réserve des tout-petits. C'était pourquoi il n'y avait aucune tentative officielle en vue de limiter leur nombre – le nombre des *bébés*.

Après tout, les très petits enfants prenaient peu de place et n'absorbaient qu'une partie presque insignifiante des ressources mondiales. C'était seulement lorsqu'ils grandissaient – ce n'était pas officiel avant qu'ils aient cinq ans – qu'ils étaient considérés comme des adultes potentiels dont la présence intéressait la société tout entière.

Demain, Lorette aurait cinq ans.

— J'ai apporté la capsule et prévenu le service de ramassage, dit Thea.

Winston hocha la tête. Il se tourna vers sa fille et déclara :

— C'est l'heure d'aller au lit, chérie.

— Maintenant ?

— Oui, maintenant.

— Je ne peux pas regarder les bébés de Tammy ? Encore un petit peu ?

— Non.

La fillette fit la moue, mais ne protesta pas.

— Viens embrasser très fort ton papa, dit-il.

Elle vint vers lui et passa ses bras autour de son cou. Winston sentit la chaleur de son corps ; cela lui rappela Jimmy et Beth.

— Viens te coucher, dit Thea en prenant la main de l'enfant.

Rieuse, Lorette raconta à sa mère une histoire à propos de Tammy et des chatons...

— Prends bien soin de boire tout ton lait, lança Winston tandis que Thea emmenait la fillette.

Il s'allongea de nouveau dans son fauteuil pour siroter son cocktail, sans penser à rien. Il s'installa dans un confort total, tranquille, remarquant à peine la musique douce et le ronronnement régulier de Tammy.

Lorsque Thea revint, il demanda :

— Tu lui as donné la capsule ?

Thea fit oui de la tête. Sans un mot, elle passa près de lui et pénétra dans sa chambre.

Winston s'aperçut qu'il venait de se lever. Sans aucune raison, il se dirigea vers la chambre de Lorette. La fillette était couchée en boule dans le lit ; la chevelure blonde ébouriffée, défaite ; le visage tranquille et lisse dans la faible clarté nocturne. Des petites lèvres roses. De longs cils clairs. Une oreille minuscule, parfaite, à moitié cachée par ses cheveux en désordre. Le drap qui la recouvrait remuait légèrement au rythme tranquille de sa respiration délicate.

Et pendant qu'il regardait, le mouvement cessa.

Winston fit demi-tour. Le service de ramassage serait bientôt là. À présent, ils s'occuperaient de tout, comme ils l'avaient déjà fait deux fois auparavant. Tout cela était très simple.

Il retourna dans le salon. Tammy ronronnait encore. Le silence paraissait très profond, le ronronnement très fort. Winston baissa les yeux sur les rejetons de Tammy, qui tétaient en se tortillant et pressaient leurs pattes aux formes vagues sur le ventre de leur mère.

Brusquement, sans qu'il puisse en comprendre la raison, Winston se mit à pleurer.

5. LA GUERRE ATOMIQUE

Les hommes ont toujours eu une imagination sans limite pour s'entre-tuer, pour inventer des armes sans cesse plus perfectionnées, plus efficaces. Avec la bombe atomique, il a franchi gaillardement un nouveau pas : celui de se détruire à tout jamais. Chaque pays, dit civilisé, comme par exemple les États-Unis, la Russie et aussi la France, possesseur de la bombe atomique, s'est acharné à en construire beaucoup d'exemplaires. Au point d'avoir de quoi pulvériser notre planète plusieurs centaines de fois. Les ravages de la bombe d'Hiroshima – une « bombinette » en regard de celles existantes aujourd'hui – ont été effroyables. De nombreuses victimes ont péri dans l'instant ou ont souffert le martyr des suites de très graves brûlures dues aux radiations. La guerre froide entre la Russie et les États-Unis a longtemps fait planer de lourdes menaces atomiques au-dessus de nos têtes. Mais qui sait si un jour…

Robert Bloch nous raconte ce fameux jour. Son texte est saisissant, la fin terrible. Mais il m'a semblé aussi nécessaire qu'instructif de vous le présenter...

Le Jour se lève, de Robert Bloch

Les têtes nucléaires tournoyaient haut dans le ciel, et le fracas de leur passage ébranlait la montagne.

Semblable à un dieu énigmatique, indifférent à la chute du moineau ou à celle du missile, il était assis au fond de son sanctuaire blindé. Il n'avait nul besoin de sortir de son abri pour contempler la cité en contrebas.

Il savait ce qui se passait... il le savait depuis que, au début de la soirée, la télévision avait clignoté et s'était évanouie. Un annonceur, vêtu du saint costume blanc des arts guérisseurs, était en train d'exposer un important message concernant le laxatif le plus populaire du monde – celui que préféraient la plupart des gens, celui que quatre docteurs sur cinq utilisaient eux-mêmes. Au beau milieu de ses louanges à l'égard de cette nouvelle et stupéfiante découverte médicale, il s'était arrêté et avait demandé au public de rester à l'écoute, dans l'attente d'un bulletin spécial.

Mais le bulletin ne vint jamais ; en lieu et place, l'écran s'éteignit et le tonnerre éclata.

Toute la nuit la montagne trembla, et l'homme assis trembla aussi ; non de crainte, mais d'excitation. Il s'y était attendu, évidemment, et c'était pourquoi il était *là*. Les autres en avaient parlé pendant des années ; il y avait eu des rumeurs irraisonnées, des avertissements solennels, quantité de bavardages chuchotés dans les bistrots. Mais les lanceurs de rumeurs, les lanceurs d'avertissements et les chuchoteurs de bistrots n'avaient pas bougé. Ils étaient restés dans la ville, et lui seul avait fui.

Certains, il le savait, étaient restés pour affronter de leur mieux l'inévitable fin, et ceux-ci, il les saluait pour leur courage. D'autres avaient tenté d'ignorer l'avenir, et ceux-là, il les haïssait pour leur aveuglement. Et tous, il les plaignait.

Car, depuis longtemps, il avait compris que le courage ne suffisait pas, et que l'ignorance volontaire n'était pas le salut. Les paroles avisées ou sages sont semblables : elles n'arrêteront pas la tempête. Et quand approche la tempête, il est préférable de s'enfuir.

Aussi s'était-il préparé cette retraite de montagne, surplombant la ville et où il ne risquait rien ; il y serait en sécurité pendant des années encore. D'autres gens d'égale fortune auraient pu faire de même, mais ils étaient trop sages ou trop fous pour faire face à la réalité. Donc, pendant qu'ils répandaient leurs rumeurs, trompettaient leurs avertissements et marmonnaient dans leurs verres, il bâtissait son sanctuaire ;

« matelassé » de plomb, amplement approvisionné, ayant de quoi subvenir à tous les besoins pour de nombreuses années... y compris une copieuse quantité du laxatif le plus célèbre au monde.

***

L'aube vint enfin, les échos du tonnerre moururent et il gagna un emplacement spécial, blindé, d'où il pouvait braquer son périscope sur la cité. Il eut beau écarquiller les yeux ou froncer les sourcils, il n'y avait rien à voir – que des nuages noirs qui s'élevaient en tourbillonnant, puis rougissaient en s'étalant jusqu'à l'horizon invisible.

Alors il sut qu'il devait descendre jusqu'à la ville s'il voulait *savoir,* et il se prépara en conséquence.

Il fallait porter un costume spécial, une astucieuse combinaison faite de plomb et de tissu isolant, très coûteuse et très difficile à obtenir. C'était un costume ultra-secret, du genre que possèdent seuls les généraux du Pentagone. Ils ne peuvent pas s'en procurer pour leurs épouses, et ils doivent les voler pour leurs maîtresses. Mais *lui,* il en avait un. Il l'endossa.

Un ascenseur rapide l'amena à la base de la montagne. Son automobile l'y attendait. Les portes blindées se refermèrent automatiquement derrière lui : il prit la route de la ville.

Par la visière de son casque isolant, il voyait un brouillard jaunâtre et, bien qu'il n'y eût aucune circulation, aucun signe de vie, il conduisit lentement.

Au bout d'un moment le brouillard se dissipa, et il put contempler le paysage. Des arbres jaunes et de l'herbe jaune, se découpant sur un ciel jaune dans lequel se tordaient d'immenses nuages.

« Van Gogh », se dit-il, tout en sachant que c'était un mensonge. Car ce n'était pas une main d'artiste qui avait fracassé les fenêtres des fermes, pelé la peinture sur le flanc des granges, étouffé le souffle chaud du bétail groupé dans les champs et raidi par la peur puis par la mort.

Il conduisit le long de la large artère menant à la cité ; une artère qui d'ordinaire fourmillait de véhicules multicolores. Mais aucune autre automobile ne circulait plus dans cette artère.

Il ne les vit qu'en approchant des faubourgs ; ayant dépassé un virage, il tomba sur l'avant-garde – alors la panique le saisit et il s'arrêta net au bord d'un fossé.

Devant lui la route était couverte d'automobiles à perte de vue... Masse solide, pare-chocs contre pare-chocs, comme prête à l'écraser sous ses roues en mouvement.

Mais les roues ne tournaient pas.

Les véhicules étaient morts. L'autoroute était un cimetière d'autos. Il s'approcha à pied, passant avec respect près des cadavres des Cadillac, des Chevrolet, des Buick. De près il put constater l'évidence de fins violentes : le verre fracassé, les pare-chocs enfoncés et les capots bosselés.

Il observa de nombreux signes de luttes pitoyables ; ici une minuscule Volkswagen, coincée et écrasée entre deux énormes Lincoln ; là une MG, qui avait péri sous les roues d'une Chrysler. Mais maintenant toutes étaient inertes.

Il avait du mal à imaginer avec une lucidité identique la tragédie qui avait touché les gens à l'intérieur de ces autos. Ils étaient morts aussi, bien sûr, mais leur trépas semblait insignifiant. Peut-être sa pensée avait-elle été affectée par l'attitude de l'époque, devant laquelle l'homme tendait de moins en moins à être identifié comme individu, et de plus en plus à être considéré selon le statut symbolique de la voiture qu'il possédait. Lorsqu'un inconnu conduisait dans la rue, on pensait rarement à lui en tant que personne ; la réaction immédiate était :

« Voilà une Ford – voilà une Pontiac – voilà une de ces grosses Imperial. » Et les hommes se vantaient de leurs voitures plutôt que de leurs caractères. Ainsi la mort des automobiles paraissait-elle plus importante que celle de leurs propriétaires. Il ne semblait pas que des êtres humains eussent péri dans cette ruée pour s'échapper de la cité ; c'étaient les voitures qui, prises de panique, avaient foncé vers la liberté, et n'y avaient pas réussi.

Il quitta la route et continua le long du fossé ; il atteignit les premiers trottoirs des faubourgs. Les preuves de destruction s'accentuaient. Explosion et implosion avaient fait leur œuvre. Dans la campagne, la peinture avait été arrachée des murs ; mais dans les faubourgs, les murs avaient été arrachés des bâtiments. Toutes les maisons n'étaient pas rasées. Il restait encore nombre de bungalows debout ; mais nul signe de leurs propriétaires. Dans certaines des pittoresques maisons blanches modernes, avec leurs lignes légères et leurs lourdes hypothèques, les parois latérales en verre étaient intactes ; mais à l'intérieur, nul signe de l'active et joyeuse vie banlieusarde ; les postes de télévision étaient morts.

La couche de débris augmentait, empêchant de plus en plus sa progression. Apparemment, une explosion avait balayé le quartier ; la voie était jonchée des débris variés d'Exurbia.

* * *

Il se fraya un chemin à travers des boîtes de Kleenex, des têtes réduites artificielles qui un jour s'étaient balancées à la fenêtre arrière de voitures, des listes d'achats froissées et des rendez-vous de psychiatres griffonnés.

Il marcha sur une casquette, faillit buter sur un gril tordu, se prit les pieds dans des bretelles de faux seins en caoutchouc. Les entrées d'égouts étaient bouchées par les décombres d'un drugstore détruit ; épingles à cheveux, chaussettes de nylon, un tas de livres de poche, un plein carton de tranquillisants, une masse de lotions, suppositoires et désodorisants, et une grande photo découpée de Harry Belafonte, sur laquelle était tombée une tasse de chocolat bouillant.

Il continua, à travers un fatras de rasoirs électriques pour dames, de sélections du Club du Livre du Mois, de disques de Presley, de fausses dents et de traités sur l'existentialisme. Maintenant il approchait vraiment de la cité proprement dite. Les signes de la dévastation se multipliaient. Passant péniblement près du site de l'université, il remarqua, avec un sursaut d'horreur, que le gigantesque stade de rugby n'existait plus. Niché non loin de là, se trouvait le minuscule immeuble des Beaux-Arts, et il crut d'abord que cet édifice aussi avait été rasé. Mais, regardant de plus près, il s'aperçut que les Beaux-Arts n'avaient pas été touchés, sinon par des marques de décrépitude et de négligence naturelles.

À présent, il avait du mal à suivre un trajet régulier, car les rues étaient encombrées de véhicules détruits, et les trottoirs souvent barrés par des poutres ou des façades entières d'immeubles écroulés. Des structures avaient été complètement écartelées ; il y avait d'affreuses variations : ici un toit s'était effondré, là une pièce montrait son contenu. Apparemment, le cataclysme était survenu instantanément, et sans avertissement, car il y avait peu de corps dans les rues et ceux qu'il apercevait dans les immeubles ouverts montraient que la mort les avait frappés au milieu de leurs occupations habituelles.

Là, dans un sous-sol encombré, un gros homme effondré sur son établi de bricoleur, regardant sans le voir le célèbre calendrier qui exhibait entièrement les charmes de Marilyn Monroe. Deux étages au-dessus, à travers l'huisserie brisée d'une fenêtre de salle de bains, sa femme, morte dans la baignoire, tenant encore une revue cinématographique avec le portrait de Rock Hudson en couverture. Et tout en haut, dans le grenier ouvert au ciel, deux jeunes amants étendus sur un lit de cuivre, nus, figés dans l'extase de leur dernière étreinte.

Il se détourna et, continuant sa progression, évita volontairement d'examiner les corps. Mais il ne put éviter de les *voir ;* avec l'accoutumance, sa répulsion se transforma en vague dégoût. Lequel enfin fit place à la curiosité.

Passant près d'une cour d'école, il fut content de voir que la fin était venue sans violence grotesque ou contre nature. Une vague de gaz paralysant s'était probablement étendue sur le quartier. La plupart des silhouettes étaient immobilisées dans des postures normales. Il y avait là tous les aspects de l'enfance habituelle – le grand garçon frappant le petit, tous deux appuyés contre une palissade, à l'endroit même où les avait trouvés l'explosion ; un groupe de six jeunes en blousons de cuir noir uniformes, entassés sur le corps d'un enfant porteur d'un blouson blanc.

Au-delà du terrain de récréation s'élevait le centre de la ville. Vu à distance, les amas de maçonnerie bouleversée évoquaient un jardin fantastique retourné par un laboureur en folie. Çà et là, dans les interstices des énormes entassements, s'élevaient de petites langues de flammes. Par endroits, émergeaient comme des tiges les étages inférieurs des gratte-ciel, dont le sommet avait été tranché par le passage d'une faucille thermonucléaire.

Il hésita, se demandant s'il serait possible de pénétrer dans ce bizarre amoncellement. Puis il aperçut la colline, plus loin, et l'imposante structure qui était le Bâtiment fédéral. Miraculeusement respecté par l'explosion, celui-ci était toujours debout et, dans le brouillard, il pouvait voir le drapeau qui flottait encore sur le toit. Il devait y avoir de la vie là-bas, et il sut qu'il ne serait pas satisfait avant de l'avoir rejointe.

Mais longtemps avant d'avoir atteint son objectif, il trouva d'autres preuves que la vie continuait. Tout en se déplaçant délicatement et prudemment parmi les débris, il finit par s'apercevoir qu'il n'était pas totalement seul dans le chaos.

Partout où crépitaient les flammes, s'agitaient des formes furtives silhouettées devant le feu. Avec horreur, il constata qu'elles entretenaient les incendies ; elles brûlaient les barricades qui ne pouvaient être détruites autrement, afin d'entrer dans les boutiques et les magasins à piller. Certains des malfaiteurs étaient silencieux et honteux, les autres bruyants et soûls ; tous étaient condamnés.

Il le savait, et c'est ce qui l'empêcha de s'interposer. Ils pouvaient piller et fracturer à volonté, ils pouvaient se disputer quelque part le butin : dans quelques heures ou dans quelques jours, les radiations auraient fait leur inévitable ravage.

* * *

Personne ne s'opposa à son passage ; peut-être le casque et le vêtement protecteur ressemblaient-ils à un uniforme officiel. Il poursuivit sans encombre son chemin et voici ce qu'il vit...

Un homme, pieds nus, affublé d'un manteau de vison, fracassant la porte d'un bar et passant les bouteilles à quatre petits enfants qui faisaient la chaîne...

Une vieille femme, debout dans la chambre forte éventrée d'une banque, poussant des piles de billets dans la rue avec son balai. Dans un coin gisait le corps d'un homme aux cheveux blancs, les bras écartés dans un futile effort pour embrasser un monceau de pièces. Impatiente, la femme le poussa avec son balai. La tête de l'homme roula, et un dollar d'argent jaillit de sa bouche entrouverte...

Un soldat et une femme, arborant le brassard de la Croix-Rouge, qui amenaient une civière jusqu'à l'entrée bloquée d'une église partiellement rasée. Ne pouvant entrer, ils portèrent la civière sur le côté de l'édifice, et le soldat défonça à coups de pied un des vitraux...

Dans un sous-sol, un studio d'artiste ouvert en plein ciel ; ses murs étaient encore intacts et couverts de toiles abstraites. Au centre de la pièce se dressait le chevalet, mais l'artiste avait disparu. Ce qui restait de lui était étalé en une masse dégoulinante sur le tableau, comme si l'artiste avait finalement réussi à mettre quelque chose de lui-même dans sa peinture...

Un amoncellement de verre brisé qui avait été un laboratoire de chimie et, au centre, une silhouette recroquevillée sur un microscope. Sur la lame se trouvait une cellule unique que le savant observait attentivement lorsque le monde s'était écroulé autour de lui...

Une femme avec le visage d'un mannequin de *Vogue*, étalée dans la rue. Apparemment, elle avait été frappée alors qu'elle se rendait à un travail, car sa petite main aristocratique tenait toujours la courroie de son carton à chapeau. Par quelque hasard, l'explosion l'avait totalement déshabillée ; ainsi étendue, elle montrait tous ses charmes coûteux.

Un type maigre émergeant d'une boutique de prêteur sur gages, porteur d'un énorme tuba. Il disparut momentanément dans la charcuterie voisine et, lorsqu'il revint, le pavillon de son tuba était bourré de saucisses...

Un studio d'émissions publiques de radio, complètement démoli ; la scène autrefois immaculée était couverte de cartouches écrasées des quinze différentes variétés de la Cigarette Américaine Préférée et de bouteilles brisées des vingt qualités de la Bière Américaine Préférée. Émergeant du fatras, la tête du Présentateur Américain Préféré regardait fixement une cabine insonorisée, laquelle servait à présent de cercueil à un garçonnet de neuf ans, qui avait su la moyenne annuelle des points marqués depuis 1882 par toutes les équipes des principales fédérations de base-ball...

Une femme aux yeux égarés assise dans la rue, pleurant et gémissant sur un chaton qu'elle berçait dans ses bras...

Un courtier à son bureau, dont le corps était momifié dans des rouleaux de bandes de télétype...

Un autobus, écrasé contre un mur de brique ; ses passagers encombraient encore le couloir ; ils se tenaient encore aux poignées du plafond, jusque dans la raideur cadavérique...

L'arrière-train d'un lion de pierre derrière lequel s'était élevée autrefois la bibliothèque ; devant, sur les marches, le cadavre d'une femme d'âge mûr dont le cabas avait vomi son contenu sur la chaussée : deux romans policiers, un exemplaire des *Plaisirs de l'enfer* et le dernier numéro du *Reader's Digest*...

Un petit garçon coiffé d'un chapeau de cow-boy, qui pointait un pistolet à amorces sur sa petite sœur en criant : « Pan ! T'es morte ! »

(Elle l'était.)

À présent, il marchait lentement, gêné par des obstacles à la fois matériels et spirituels. Il approchait du bâtiment sur la colline par une voie tortueuse ; il se contraignait à éviter la répugnance, à surmonter toute curiosité morbide, à refouler sa pitié, à oublier son horreur.

Il savait qu'autour de lui, dans le noyau de la cité, se trouvaient d'autres êtres, certains accomplissant des actes de pitié, d'autres portant héroïquement secours. Mais il les ignora tous, car ils étaient morts à ses yeux. Quelques-uns d'entre eux le hélèrent, mais il poursuivit son chemin sans les écouter, sachant que leurs paroles n'étaient que des râles de mourants.

Mais subitement, alors qu'il gravissait la colline, il se retrouva en train de pleurer. Les larmes chaudes et salées couraient le long de ses joues et brouillaient l'intérieur de son casque, si bien qu'il ne voyait plus clairement. Et c'est ainsi qu'il émergea du cercle central ; le cercle central de la cité, le cercle central de l'enfer de Dante.

Ses larmes cessèrent de couler et sa vision s'éclaircit. Devant lui se dressait la fière silhouette du Bâtiment fédéral, étincelant et intact – ou presque.

* * *

Comme il arrivait près de l'imposant escalier en examinant la façade, il remarqua quelques signes d'avarie et de corrosion sur la surface de l'édifice. La terrible explosion n'avait infligé de dommages visibles qu'aux grandes statues surmontant le grand portail voûté ; les sculptures symboliques avaient été partiellement détruites : toute la face antérieure s'était effondrée. Il cilla devant les contours évidés des trois figures ; jamais il n'avait réalisé que la Foi, l'Espérance et la Charité étaient creuses.

Puis il pénétra dans l'immeuble. Des soldats fatigués gardaient le portail, mais ils ne firent pas un geste pour l'arrêter, sans doute parce qu'il portait un vêtement protecteur encore plus perfectionné et plus impressionnant que le leur.

À l'intérieur de l'édifice, une petite armée de gratte-papiers et d'officiers supérieurs fourmillait dans les corridors et dans les escaliers. Il n'y avait plus d'ascenseurs, évidemment : ils avaient cessé de fonctionner quand l'électricité avait été coupée. Mais il pouvait grimper.

Il voulut monter tout de suite, car c'était pour cela qu'il était venu. Il désirait contempler la ville d'en haut. Dans sa combinaison grise isolante, il ressemblait à un automate et, comme un automate, il gravit l'escalier avec raideur ; il atteignit enfin le dernier étage.

Mais il n'y avait là aucune fenêtre ; rien que des bureaux entièrement clos. Il suivit jusqu'au bout un très long couloir. Il se trouva dans une vaste salle éclairée de lumière grisâtre par le mur de verre qui en formait le fond.

Assis derrière un bureau, un homme secouait le combiné d'un téléphone de campagne en jurant. Il regarda curieusement l'intrus, vit l'uniforme isolant et se remit à injurier l'instrument dans sa main.

Il était donc possible de marcher jusqu'à la vaste baie et de regarder en contrebas.

Il était possible de voir la ville, ou plutôt le cratère qui avait été la ville.

À l'horizon la nuit se mêlait à la brume, mais il n'y avait pas d'obscurité. Les petits foyers d'incendie s'étaient étendus, apparemment, avec l'arrivée du vent, et maintenant il contemplait une marée de flammes grandissantes. Les clochers tordus et les édifices ravagés se noyaient dans les vagues pourpres. Tandis qu'il regardait, ses larmes revinrent, mais il savait qu'il n'y aurait jamais assez de larmes sur terre pour éteindre les feux.

Il se retourna alors vers l'homme assis, remarqua pour la première fois qu'il portait un des uniformes très spéciaux réservés aux généraux.

Ce devait donc être le général en chef. Oui, il en était certain maintenant, car autour du bureau le sol était jonché de morceaux de papier. C'étaient peut-être des cartes périmées, ou peut-être des traités caducs. Cela n'avait aucune importance dorénavant.

Sur la paroi derrière le bureau, il y avait une autre carte ; et *celle-là* avait une grande importance. Elle était couverte d'épingles noires et rouges, et il lui fallut un moment pour déchiffrer leur signification. Les épingles rouges représentaient les destructions car il y en avait une sur le nom de *leur* ville. Et il y en avait une pour New York, une pour Chicago, Detroit, Los Angeles – chaque centre important avait été percé.

Il regarda le général, et finalement la parole lui revint.

— Ce doit être horrible, dit-il.

— Oui, horrible, fit le général en écho.

— Des millions et des millions de morts.

— Morts.

— Les villes détruites, l'air pollué, et aucun espoir d'en réchapper. Aucun espoir, nulle part au monde.

— Aucun espoir.

Il se détourna et regarda encore une fois par la fenêtre, contemplant l'enfer. Il songeait : « C'est donc ainsi que ça devait se passer... c'est donc ainsi que le monde meurt ».

Il regarda de nouveau le général, puis soupira.

— Dire que nous avons été battus, chuchota-t-il.

L'éclat rouge des flammes augmenta, et dans cette lumière il vit le visage exultant, presque joyeux, du général.

— Que voulez-vous dire ? dit le fier guerrier en se rengorgeant. Nous avons gagné !

Le Jour se lève, de Robert Bloch,
traduit par P. J. Izabelle

6. LA DISPARITION DE LA FAUNE ET DE LA FLORE

95 % des espèces animales qui ont un jour peuplé notre planète ont maintenant disparu. Cela semble un aboutissement naturel à chaque espèce. Alors pourquoi s'en soucier ?

Tout simplement parce qu'aujourd'hui le problème de ces extinctions est largement accéléré par les activités humaines.

Quelles en sont les conséquences ?

Les espèces animales et végétales sont bien entendu indispensables à notre écosystème. Ainsi, plus de plancton, plus de poissons. Plus d'abeilles… plus d'hommes ! Je vous rappelle que la pollinisation des fleurs par ces charmantes petites bêtes permet la venue des fruits.

La disparition des végétaux peut se révéler dramatique pour de futures découvertes de médicaments.

Voilà quelques exemples simples qui doivent renforcer notre devoir de protection de toute la faune et de toute la flore. Si nous sommes en haut de l'arbre de l'évolution, nous nous devons d'en protéger toutes les branches !

Christophe Lambert a décidé de traiter ce sujet d'une manière humoristique. Cela apporte un peu de gaieté dans ce recueil tout en n'empêchant pas de montrer les conséquences d'un monde sans flore. À déguster en mangeant une salade croquante...

Homo jardinus, de Christophe Lambert

Entre les Anglais et leur gazon, c'est une longue histoire d'amour. Aussi Archibald Beagle – un militaire à la retraite habitant non loin de Durham – fut-il particulièrement choqué lorsqu'il découvrit l'état de son jardin, en cette froide matinée du 7 avril 2007.

— *By Jove!*[1] souffla-t-il, les yeux écarquillés.

Un mauvais plaisantin avait découpé un trou dans sa pelouse entrenue avec soin. La portion de terre ainsi saccagée devait faire à peu près trois mètres carrés. Les angles étaient bien droits et les côtés parfaitement rectilignes.

1. « Par Jupiter ! »

— Qui peut être assez sadique pour s'en prendre à un innocent gazon ? marmonna le vieux Beagle.

Comble de malheur, le vandale avait kidnappé Major Wingate, son nain en céramique préféré.

Aussitôt, l'ex-lieutenant-colonel ameuta toute la rue.

— Avez-vous remarqué quelque chose, cette nuit ? Chez vous, rien ne manque ?

Les gens répondaient par la négative à chacune de ses questions, et il dut se rendre rapidement à l'évidence : il était la seule victime du « maniaque de la pelouse ».

— Pourquoi moi ? ressassait Beagle. Aurais-je fait du mal à quelqu'un sans m'en rendre compte ?

Bien que soldat de carrière, il n'avait participé à aucune guerre. En fait, il était resté derrière un bureau pendant la majeure partie de ses années de service. Depuis qu'il avait pris sa retraite dans cette banlieue pavillonnaire du nord de l'Angleterre, il menait une vie on ne peut plus paisible. Il était veuf, sans enfant ni animal de compagnie, et occupait ses journées entre les mots-croisés, la peinture de soldats en plomb et le jardinage. Rien ne le remplissait davantage de fierté que son gazon d'un vert éclatant, taillé aussi dru que le crâne d'un commando des *Special Forces*.

— Cette histoire de pelouse découpée n'a pas de sens, grommela le vieil homme après avoir cogité durant une bonne partie de la matinée.

Il avait beau fouiller dans sa mémoire, il ne se trouvait aucun ennemi potentiel. Quant à la disparition de son Major Wingate... Il avait certes entendu parler du « Front de Libération des Nains de Jardin », mais il n'aurait jamais cru que les galopins cachés derrière ce titre pompeux auraient un jour l'audace de venir s'en prendre à lui ! Allait-il recevoir une demande de rançon ? Une lettre moqueuse ?

Tout ceci était extrêmement déplaisant.

Archibald Beagle s'équipa le jour même d'un système d'alarme, un appareillage complexe muni d'un détecteur de mouvements : quiconque franchirait l'enceinte de son jardin sans y être invité déclencherait une sonnerie assez stridente pour réveiller un mort.

Le brave homme installa son détecteur, effectua deux ou trois tests, puis, rassuré, il alla enfin se coucher.

À son réveil, le lendemain matin, une mauvaise surprise l'attendait : un nouveau carré de gazon, de la même taille que le précédent, s'était volatilisé durant la nuit.

Beagle courut porter plainte au poste de police le plus proche.

— C'est pt'être des extra-terrestres ? gloussa un *bobby*[1] rougeaud.

---

1. Surnom des agents de police britanniques.

— Hein ? s'offusqua le vieux soldat.

— Ben oui, vous savez : les petits hommes verts qui font des ronds dans les champs. Sauf que, chez vous, ils s'essaient à la forme carrée.

Beagle jugea inutile d'insister.

« Très bien. Je vais régler cela moi-même », se dit-il en revenant chez lui, furieux.

Il décrocha l'antique fusil de chasse installé au-dessus de sa cheminée, le chargea et vint se poster derrière la fenêtre du salon. De là, il avait une vue imprenable sur le jardin.

« Hum, le plus dur sera de rester éveillé toute la nuit... »

Il se prépara une grande quantité de café, qu'il versa dans un thermos, puis il retourna s'installer dans son fauteuil à bascule préféré, un plaid écossais sur les genoux, son fusil posé sur la couverture.

Le soir tomba. Les étoiles apparurent bientôt dans le ciel, minuscules mais infiniment brillantes.

Beagle avait beau engloutir des tasses entières de café, chanter des airs militaires de sa jeunesse ou encore se pincer pour se tenir en état d'alerte... il piquait du nez lentement mais sûrement.

Soudain, un flash lumineux le sortit de sa torpeur.

Un homme venait de se matérialiser au beau milieu du jardin. Beagle fronça les sourcils. L'inconnu portait une combinaison argentée, type cosmonaute.

À la manière du personnel au sol chargé de guider les avions sur la piste d'atterrissage, cet homme faisait des signes à quelqu'un qui se trouvait en l'air.

— *God damned!*[1] jura Beagle.

Il se leva et, le fusil dans les mains, se dirigea vers la porte d'entrée. Lorsqu'il ouvrit cette dernière, la stupeur faillit lui extorquer un nouveau juron.

Une douche de lumière tombait du ciel. Ce rayon découpait un carré jaune, identique aux deux autres, sur une portion de pelouse encore intacte. Ulcéré, le retraité épaula son arme en criant :

— Haut-les-mains, qui que vous soyez !

Le « cosmonaute » sursauta, et la lumière s'éteignit.

— Retournez-vous lentement, *sir*...

L'intrus obéit. Beagle fit jouer la culasse du fusil, qui produisit un clic ! clac ! sonore.

— Venez donc vous asseoir cinq minutes, mon bon monsieur, grognassa-t-il en indiquant l'intérieur de la maison du bout de son canon.

Il s'effaça pour laisser entrer son prisonnier, puis il referma la porte derrière lui.

— Prenez place, je vous prie.

L'homme engoncé dans sa combinaison tira une chaise de sous la table du salon et s'assit. Beagle l'imita. Son arme était toujours menaçante.

1. « Nom de Dieu ! »

— Soulevez-moi ça, dit-il en indiquant le heaume futuriste de son invité.

Celui-ci releva la visière opaque qui masquait son visage.

— *Blood and guts!*[1] souffla le vieux.

La créature avait un teint gris cendreux, des traits osseux, longilignes, un nez très fin et de grands yeux.

— Z'êtes un extra-terrestre ou quoi ?! hoqueta Beagle.

La créature fit non de la tête.

— Alors vous êtes quoi ???

— Je suis un homme, comme vous... mais je viens du XXIIe siècle.

Beagle n'en croyait pas ses oreilles.

— Du XXIIe siècle ? répéta-t-il.

— Oui. De l'année 2189, pour être plus précis.

Un ange passa. On n'entendait plus que le tic-tac d'une grande horloge nichée dans un angle du salon.

— Bon sang ! pesta Beagle en se grattant la moustache, qu'est-ce que vous venez donc fiche chez moi ?

— Je ne peux rien révéler.

— Ah oui, vraiment ?

En disant cela, l'ex-lieutenant-colonel avait légèrement levé son arme. Un tic nerveux agitait l'une de ses paupières.

1. « Bon sang de bois ! »

— Si jamais on me pose des questions, je pourrai toujours plaider la légitime défense, grinça-t-il, le doigt sur la détente.

L'homme du futur soupira :

— Bon, d'accord, je vais vous expliquer... (Une longue inspiration, puis :) D'où je viens, la nature n'est plus qu'un souvenir lointain, un peu comme un rêve. Par manque de prévoyance, par manque de sagesse, l'humanité a laissé s'étioler la campagne... Pollution, déforestation, urbanisation à outrance : voilà les fléaux qui ont ravagé notre belle planète durant le XXIe et le XXIIe siècles. L'air est à présent tellement saturé de cochonneries que l'on ne peut plus sortir dehors sans filtre à oxygène. On a bien essayé de faire pousser des arbres, des légumes et des fleurs dans des serres, à l'abri des poisons sécrétés par l'industrie et la circulation, mais un virus végétal a terminé ce que l'homme avait commencé. La dernière plante, une marguerite pourtant très résistante, est morte le 18 janvier 2167. Ce fut un jour de deuil mondial.

Beagle secoua la tête.

— Quelle horreur, lâcha-t-il tristement.

Il avait du mal à imaginer une planète sans verdure.

Son invité reprit :

— Nous étions désespérés... Mais nous ne pouvions nous résoudre à ne plus jamais voir de l'herbe, à ne plus jamais respirer le parfum des fleurs ! Alors nos dirigeants ont décidé de tenter quelque chose de très risqué : remonter dans le passé pour en rapporter toutes ces merveilles aujourd'hui disparues. Nous avons créé un musée, le Sanctuaire de la nature. Il est gratuit. Chacun peut venir y admirer la flore d'une époque hélas révolue.

— Que vient faire mon gazon là-dedans ?

— Après bien des recherches, nous avons choisi votre jardin, car il semblait parfaitement représentatif du début du XXIe siècle : une pelouse bien tondue, de magnifiques objets décoratifs, comme cette œuvre d'art en céramique que vous aviez posée sur l'herbe... Votre carré de gazon a eu tellement de succès, que nous avons décidé d'agrandir l'espace qui lui est dévolu au sein de notre musée. D'où les nouvelles expéditions d'hier et d'aujourd'hui...

— Mon gazon ? Dans un musée ?

— L'homme du futur hocha la tête.

— Je peux même vous assurer que votre pelouse et votre nain exquis sont le clou du Sanctuaire de la nature. Les gens adorent ! Ils en redemandent !

— Ah ben ça alors...

Soudain, un bruit fit sursauter Beagle. Quelqu'un s'était glissé dans son dos. Il pivota d'un coup pour tomber nez à nez – ou plutôt nez à casque – avec deux nouveaux personnages en combinaison argentée. Ils avaient tous les deux un pistolet bizarroïde en main. Le canon des armes était pointé droit sur le retraité.

« Oups, battu ! », songea celui-ci, une boule dans la gorge.

— Il en sait trop, marmonna l'un des nouveaux venus, son timbre déformé électroniquement par un modulateur vocal.

— Il y a peut-être une autre solution, plaida celui qui avait raconté toute l'histoire.

— Non. Et tu le sais très bien.

Beagle sentit les battements de son vieux cœur s'accélérer. Ils n'allaient quand même pas le...

WIZZZZ !

Le rayon phosphorescent toucha le vieillard en pleine poitrine. Il s'écroula sur le plancher du salon, sans un cri. Un homme casqué le toucha de son pied chaussé d'une grosse botte brillante. Aucune réaction...

— Il est... ?

— Seulement paralysé. Dépêchons-nous. Il ne manquerait plus que des voisins nous tombent sur le dos...

Le surlendemain, dans le journal local, on put lire :

« Un retraité disparaît sans laisser de traces !

La police s'est rendue hier chez Archibald Beagle, 67 ans, mystérieusement disparu dans la nuit du 9 au 10 avril. Le voisinage n'a rien vu, rien entendu. Chose étrange : la pelouse de M. Beagle s'est, elle aussi, volatilisée. Les autorités se refusent à tout commentaire. L'enquête continue... »

* * *

Le Sanctuaire de la nature recèle d'innombrables trésors : plantes carnivores rarissimes, roses aux effluves enchanteresses, arbres plusieurs fois centenaires... Mais les visiteurs viennent surtout en ce lieu prestigieux pour voir, abrité derrière une vitre en plastec blindé, un vieux bohnomme – authentique Anglais du XXIe siècle – en train de tondre sa pelouse et d'arracher les mauvaises herbes... L'écriteau qui présente cette attraction fort prisée indique : « Homo Jardinus » !

Homo Jardinus, de Christophe Lambert

7. MALADIES, PANDÉMIES, MANIPULATIONS GÉNÉTIQUES

Une pandémie est une épidémie à l'échelle planétaire.

La Peste noire en fut la triste illustration à l'époque du Moyen Âge. La grippe espagnole en fut une autre au début du XXe.

Aujourd'hui, le sida, et ses millions de malades à travers le monde, ou la menace de la grippe aviaire sont considérés comme des pandémies.

Les virus mutent sans cesse et peuvent se révéler dangereux à tout moment. Mais, apparemment, l'homme a jugé que ce n'était pas suffisant. Des laboratoires militaires cultivent des souches virales capables de devenir des armes redoutables en cas de « besoin ».

L'apparition de la nanotechnologie, qui introduit de la technique dans l'infiniment petit, pourrait apporter, comme tout progrès, des avantages mais aussi des inconvénients. La création de mini-robots, invisibles à l'œil nu, deviendrait une menace difficile à contrer.

La manipulation génétique est au cœur du problème des OGM. Doit-on manipuler, changer, améliorer ce que la nature a créé ? Vaste question qui ne sera pas tranchée avant plusieurs générations.

Pierre Bordage s'est senti particulièrement inspiré par ce thème. Le retour aux sources est parfois porteur de cruelles désillusions...

Dans le regard des miens, de Pierre Bordage

L'inquiétude m'a de nouveau saisi lorsque la navette s'est posée sur l'astroport saharien. J'étais parti de la Terre trente ans plus tôt sans le sou et j'avais fait fortune sur Téthys avec un respirateur de mon invention qui permettait de vivre hors des biosphères. Les miens m'avaient traité de raté, de bon à rien ; je revenais plus riche qu'ils ne l'avaient jamais été.

J'avais payé sans sourciller les douze millions de thys réclamés par la compagnie TerTé pour un aller simple à destination de la Terre. Le voyage avait duré cinq ans, soit trois de moins qu'à l'aller. Les navettes, entièrement automatisées, progressent désormais par bonds quantiques. Elles n'ont pas seulement gagné en vitesse, mais également en sécurité et en confort – même si les androïdes qui servent boissons et repas ont moins de charme et de conversation que les anciennes hôtesses de l'espace. J'ai lié connaissance avec le seul autre passager du vol, une passagère en réalité, une femme d'une centaine d'années qui, après avoir passé un demi-siècle sur Téthys, a ressenti l'irrésistible besoin de mourir sur Terre. Douze millions de thys pour revenir s'enterrer sur sa planète natale, la nostalgie n'a pas de prix. Elle a laissé là-bas cinq enfants, vingt-trois petits enfants et seize arrière-petits-enfants. Nous avons eu le temps de discuter, elle et moi. Elle n'a reçu aucune nouvelle de sa famille terrienne depuis cinquante ans. Les communications se sont interrompues entre la Terre et la quatrième planète du système d'Ouranos. Depuis le passage de la dernière navette, celle-là même qui m'a emmené sur Téthys, les colons ne reçoivent plus de réponses à leurs messages. Les relais spatiaux n'émettent plus aucun signal lumineux, plus aucun message ADN, comme si les terriens nous avaient oubliés. Les Téthysiens ne s'en sont guère émus : ils ont tranché les liens avec leurs familles et coupé les ponts avec l'ancien monde, ils se sont purgés de l'antique mémoire collective, ils consacrent l'essentiel de leur énergie à leur belle aventure.

Moi, je n'étais pas allé sur Téthys pour vivre une utopie, mais pour prendre une revanche sur le sort. J'ai toujours su que je reviendrais, au moins pour lire de la stupeur et de l'admiration dans le regard des miens.

Les androïdes se sont alignés de chaque côté de la passerelle pour nous saluer. Ma compagne de voyage a marché d'un pas déterminé sur le métal vibrant. J'ai constaté qu'elle était aussi impatiente et inquiète que moi. Nous sommes sortis de la navette dont le bouclier thermique continuait de rougeoyer et de fumer. La chaleur nous est tombée sur la tête et les épaules comme une chape de plomb fondu. J'avais oublié la canicule terrienne. Sur Téthys, le thermomètre dépasse rarement les seize degrés et ne descend jamais au-dessous de huit, une amplitude thermique plutôt confortable.

Des engins s'agitaient sur le tarmac de l'astroport, braquant leurs canons à refroidissement sur le fuselage de la navette. Je n'ai repéré aucune silhouette humaine. Ma compagne de voyage m'a jeté un regard interrogateur pardessus son épaule.

« J'ai l'impression que l'automatisation a encore fait des progrès », ai-je lancé avec un sourire crispé.

Elle semblait déçue. Déçue que l'arrivée de la navette en provenance de la lointaine Téthys – seize années-lumière du système solaire – n'ait soulevé aucun enthousiasme, ni même de la simple curiosité. Nous avions l'intime et idiote conviction que nous serions accueillis en conquérants, en héros.

Nous ne nous sommes pas non plus présentés devant des douaniers de chair, mais devant des machines dont les rayons fureteurs n'ont détecté aucun germe ni aucune maladie inconnue. Une voix mécanique nous a informés que nous en avions terminé avec les formalités et nous a souhaité la bienvenue sur Terre. J'ai récupéré les quatre grandes malles capitonnées et hermétiques où j'avais entassé les échantillons de terre, de sable et de pierres de Téthys que je comptais offrir à mes neveux et nièces, puis je me suis retrouvé à l'extérieur de l'astroport, ébloui par la lumière du soleil, un peu étourdi. Mes pieds foulaient à nouveau la croûte terrestre, l'émotion me débordait, m'embuait les yeux. J'ai cherché du regard ma compagne de voyage. Nos routes allaient bientôt diverger : elle partait pour l'Amérique du Sud et moi pour l'Europe de l'Ouest. Nos cinq années de vie commune dans la cabine exiguë de la navette avaient noué entre nous des liens amicaux, fraternels presque (je n'ose dire filiaux), et je voulais la saluer avant de nous séparer. J'ai exploré l'astroport désert pendant deux bonnes heures terriennes. En vain. Je ne lui en ai pas voulu : l'interminable traversée l'avait épuisée, la mort planait sur elle, elle n'avait plus de temps à perdre.

Un taxi automatique aérien, un AA, s'est posé devant moi. Une voix suave m'a demandé où je désirais me rendre.

— Europe de l'Ouest, ai-je répondu, région de France, ville de Blois.

Des robots ont chargé mes bagages dans la soute. Je n'avais pas croisé un seul être humain depuis l'atterrissage de la navette. Où donc étaient passés les hommes ? Peut-être la chaleur les retenait-elle chez eux ?

— Température extérieure 49 degrés, arrivée à Blois, région France, continent Europe, prévue dans une heure trente, a précisé la voix mélodieuse.

Le taxi AA s'est élevé dans la lumière aveuglante du jour. J'ai vu, par la vitre teintée, l'astroport se fondre dans les ocre et les rouges du désert saharien. J'ai alors présumé que seules les machines pouvaient vivre dans une telle fournaise et que je retrouverais les hommes dans les zones tempérées. Rassuré, épuisé par les sensations et les émotions, je me suis assoupi dans la fraîcheur climatisée de l'AA.

La gare de Blois était, elle aussi, déserte. Du ciel sombre tombait un crachin tenace qui se posait sur les cheveux et les épaules comme une mantille aux mailles serrées. La ville ne ressemblait pas à celle de mes souvenirs. J'ai eu l'impression, un moment, que le taxi AA s'était trompé d'endroit. Ou que la navette m'avait déposé sur la mauvaise planète.

— Blois. Heure locale : 15 h 15. Température extérieure : 13 degrés.

La voix n'a exigé aucun paiement, comme si l'argent n'avait plus cours dans le vieux monde. Deux robots ont déchargé mes malles et les ont posées sur un chariot automatique qui m'a suivi dans chacun de mes mouvements. Dehors, je n'ai absolument rien reconnu, ni les maisons, ni les places, ni la végétation. Les orgueilleuses maisons qui se dressaient jadis de chaque côté des rues avaient été remplacées par des constructions arrondies et basses totalement dépourvues de fenêtres. Les habitations de Téthys, bien que simples et modestes, avaient davantage d'allure que ces sinistres bunkers en partie enterrés.

Un taxi automatique local, un AL, s'est dérouté vers moi et m'a proposé de me conduire à la destination de mon choix. Je lui ai donné l'adresse de mes parents et me suis installé sur la banquette pendant que les robots disposaient mes malles dans le coffre et sur le toit. La réalité ne collait pas à mes rêves. Sur les trente années que j'ai vécues sur Téthys, j'en ai certainement gaspillé plus de la moitié à imaginer mon retour, et dans aucun de mes scénarios je n'avais envisagé une arrivée anonyme et lugubre dans la grisaille blésoise.

J'avais franchi les gigantesques distances entre la Terre et Téthys, j'en étais revenu couvert de richesses et de prestige, et, si mes parents étaient morts dans l'intervalle, mes deux sœurs, mon frère aîné et leurs enfants auraient dû m'accueillir comme un frère ou un oncle prodigue, comme le grand homme d'une famille que rien n'avait jusqu'alors distinguée.

Le taxi a mis du temps à trouver l'adresse : elle n'était plus actuelle, il lui fallait consulter les anciennes cartes encore mémorisées dans son unité centrale. Il s'est enfin élancé, se maintenant cinquante centimètres au-dessus du sol. Au fur et à mesure qu'il s'éloignait de la gare, la ville s'estompait de plus en plus sous une végétation proliférante, anarchique. Je me suis surpris à regretter les paysages gris et vert pâle de Téthys, son atmosphère cotonneuse, ses ciels changeants. J'ai cru que le taxi AL s'était égaré dans le labyrinthe sombre quand je n'ai plus aperçu un seul toit ni un seul pan de mur entre les branches et les feuilles.

La maison de mes parents dominait un méandre de la Loire. Je garde le souvenir d'une enfance difficile, douloureuse même, à cause sans doute du traitement de faveur réservé à mon frère aîné, le grand homme, le génie. Mes parents ne pouvaient me reprocher d'être entré par effraction dans une famille brillante puisque j'étais le fruit de leurs gènes, ils se contentaient de me mépriser en silence, ils me regardaient d'un air résigné et agacé, comme une punition divine, comme une faute de goût. J'ai ravalé mes humiliations, j'ai fait ce qu'ils attendaient de moi, des études ratées, une adolescence délinquante, de petits boulots sans intérêt – surtout, surtout ne pas faire de l'ombre au grand homme, rester le vilain canard dans la couvée de cygnes.

L'AL s'est arrêté non loin de la Loire, dont j'apercevais l'une des amples boucles au travers des frondaisons. Les gouttes de pluie craquelaient le miroir habituellement lisse du fleuve. Les bras articulés ont déchargé les malles sur le sol humide et moussu, puis le taxi m'a confirmé que j'étais arrivé. J'ai regardé l'appareil repartir dans un sifflement décroissant. J'ai eu l'impression d'être perdu au beau milieu d'une jungle hostile. Nulle trace de civilisation, nulle trace de vie humaine. Je n'ai même pas songé à m'abriter de la pluie. Je me suis senti seul au monde. J'ai pensé, pour me rassurer, à ma compagne de voyage : il y avait au moins un autre être humain sur Terre.

Quelque chose a jailli du fouillis végétal et a rampé dans ma direction. J'ai bondi en arrière, puis, reprenant mes esprits, j'ai tiré de la poche de ma veste le mini-tube désintégrant conçu par les ingénieurs téthysiens. La forme s'est arrêtée à côté des malles. Tout en maintenant le tube braqué sur elle, je l'ai observée.

Elle a éveillé du dégoût en moi, de l'horreur même. Elle ne ressemblait à aucun des animaux terrestres que j'avais gardés en mémoire : c'était un amas de chair et de poils d'environ un mètre de hauteur et deux mètres de longueur, qui ne semblait avoir ni queue ni tête, ou, plus exactement, une multitude de queues et de têtes. J'ai entrevu des éclats entre deux tentacules, les yeux sans doute, au-dessus d'une cavité béante, qui était peut-être une gueule, et d'une excroissance allongée qui ressemblait vaguement à un mufle. « Une nouvelle espèce de prédateur », ai-je pensé. Nous avions les nôtres sur Téthys, des monstres ailés pareils à des chauves-souris géantes qui sortent au premier crépuscule d'Ouranos pour s'abattre en hurlant sur les êtres vivants, humains ou animaux, et les vider de leur sang en quelques secondes.

La créature s'est agitée avant d'émettre une sorte de chuintement. Mon index s'est crispé sur la détente de mon tube.

— Ne bouge surtout pas, sale bestiole, ai-je murmuré. Ou je te réduis en cendres.

Aussi curieux que cela puisse paraître, j'ai eu le sentiment qu'elle avait compris mes paroles. Elle a en tout cas cessé de s'agiter, et j'ai vu ses yeux s'assombrir. J'ai frissonné. Était-ce la pluie qui me trempait maintenant jusqu'aux os ? La créature a poussé des cris. Des gémissements plutôt que des cris. J'ai cru distinguer des syllabes dans ses grognements et ses gargouillements. Elle tentait de communiquer. Toujours sur mes gardes, j'ai consacré toute mon attention à son étrange langage. J'ai capté peu à peu des mots au milieu des sons tantôt sourds tantôt aigus, les mots se sont organisés en phrases, et j'ai découvert avec stupeur qu'elle parlait la même langue que moi.

— ... Bienvenue... sur... Terre... bienvenue... chez... toi... on... m'a... chargée de t'accueillir...

Je me suis machinalement rapproché d'elle. De près, elle m'a paru encore plus hideuse.

— Tu me connais ?

— Tu... es... tu... es... mon... oncle... Jason...

— Ton oncle ? Ça veut dire que...

— ... Je... suis... ta... nièce... Les... androïdes... nous... ont... apporté... tes... messages... Nous... savions... que tu reviendrais... avec... la... prochaine... navette... TerTé... Je... guettais... ton... arrivée...

— Pourquoi ne m'avez-vous jamais répondu ?

Je me suis rendu compte, en posant cette question, que j'étais en train d'admettre que cette créature était réellement ma nièce. Je distinguais maintenant ses yeux, des puits sans fond emplis d'une immense tristesse.

— Le... programme... génétique... mondial... On... nous... a... implanté... des... correcteurs... génétiques... Nous... pensions... ne... plus... jamais... connaître... la...

maladie… ni… la… vieillesse… Nous… avons… tous… muté… La… transgénose…

Mes pensées se sont affolées.

— Où sont-ils passés, les autres ? Mon frère ? Mes sœurs ? Leurs enfants ? Leurs petits-enfants ?

— Ils… vivent… sous… terre… comme… moi… Ils… ne… supportent… plus… la… lumière… du… jour… Je… crois… plutôt… que… nous… ne… supportons… pas… notre… nouvelle… apparence… Nous… préférons… demeurer… dans… les… ténèbres…

— De quoi vivez-vous ?

Ma nièce a marqué un temps de silence.

— Nous… ne… tolérons… plus… d'autre… nourriture… que… nous-mêmes…

Sa réponse m'a glacé le sang.

— Nous… nous… mangeons… les… uns… les… autres… a-t-elle ajouté avec un long soupir. Mon… père… ton… frère… l'un… de… ceux… qui… ont… mis… au… point… le… programme… de… correction… génétique…

— Ah oui, le génie…

— Il… il… a… été… mangé… le… mois… dernier…

J'ai discerné le scintillement caractéristique de larmes entre ses excroissances.

— Nous… avons… abandonné… la… Terre… aux… automates… Nous… nous… maintenons… en… vie… en… espérant… que… certains… de… nos… descendants... retrouveront... leur... programme... génétique... originel... Je... suis... tellement... heureuse... de... t'avoir... vu... oncle Jason... D'avoir... pu... de... nouveau... contempler... un... être... humain...

Ses yeux ont brillé de joie. Ouranos m'est témoin que je n'ai jamais désiré une revanche aussi terrible. J'ai désigné les caisses d'un geste du bras.

— Moi qui vous avais apporté des échantillons de roche et de sable de Téthys...

Je n'ai rien trouvé de mieux à dire.

— Laisse-les... là... a dit ma nièce. Nous... raconterons... ton... odyssée... à... nos... descendants... Un... jour... peut-être... ils... viendront... les... chercher...

J'ai pleuré une nuit et une journée entières à la gare de Blois, puis, une fois mon réservoir de larmes asséché, je suis retourné à l'astroport saharien. Fiévreux, vidé de mes forces, j'ai acheté mon billet au comptoir de la société TerTé. Douze millions de thys, comme à l'aller : l'argent n'a plus cours sur Terre, mais les androïdes savent qu'il a encore son utilité sur Téthys.

Cinq années de voyage m'attendaient.

Cinq longues années de solitude.

J'ai espéré que ma compagne de l'aller me rejoindrait pour le voyage du retour. Elle ne s'est pas présentée à l'embarquement. Elle s'était sans doute éteinte sur cette Terre comme je prévoyais d'aller finir ma vie sur Téthys, dans le regard des hommes.

Dans le regard des miens, de Pierre Bordage

8. LA GUERRE AVEC LES MACHINES

La guerre avec les robots a commencé !

Des robots terrestres armés et télécommandés ont été déployés durant la guerre d'Irak.

Par ailleurs, les drones, appareils volants espions, sillonnent désormais les champs de bataille.

Les robots sont partout et pas seulement dans le domaine militaire. Chaque jour, leurs tâches se complexifient, leur intelligence s'affine. Peu à peu, les robots remplacent l'homme pour des travaux pénibles. Pensez au nombre d'humains nécessaires pour effectuer le travail d'une pelleteuse.

Nous avons vu que dans l'infiniment petit, les robots vont être présents. Que se passera-t-il le jour où ils décideront de se passer de leurs créateurs ?

Horace B. Fyfe nous plonge dans un monde post-apocalyptique, où les robots sont les maîtres. Il devient alors très difficile de survivre. Que ne faut-il pas faire pour avoir un peu de lumière...

Que la lumière soit, de Horace B. Fyfe

Les deux hommes s'attaquèrent au tronc épais de l'arbre avec une âpreté qui trahissait la fatigue. Sous l'éclat du soleil, des gouttes de sueur étincelantes s'échappaient de leurs corps tandis que les vieilles cognées mordaient tour à tour dans le bois.

Blackie se tenait à peu de distance, sur l'accotement de gravier de la grand-route, frottant sa courte barbe tout en examinant la profondeur de l'encoche blanche. Il tourna son visage carré et tanné vers l'aire de béton craquelée et rapiécée où Vito le Trapu montait la garde ; leurs regards se croisèrent et Blackie fit un signe.

— C'est bon, Sid et Mike. On va tenir conseil un moment.

Les coups rythmés des haches s'interrompirent. Mike le Rouge passa son avant-bras sur la barbe à demi rasée qui le faisait passer pour un dandy. Sans mot dire, le grand Sid longea la route pour aller remplacer Vito.

— Il n'y en a plus pour longtemps, se vanta Mike, en lorgnant l'entaille avec satisfaction. Tu penses que ça va les faire rappliquer ?

— Bien sûr, répondit Blackie en se crachant dans les mains avant de soulever un des outils vétustes. Ils sont là pour ça.

— C'est drôle, musa Mike, comme il y en a qui tiennent le coup et d'autres qui se bousillent. Celles-ci doivent être en service depuis le temps où j'étais gosse… avant la dernière guerre éclair.

— Oh ! elles n'ont pas grand-chose à faire. Sauf en hiver quand elles sortent pour déblayer la neige, tout ce qu'elles font, c'est de poser une pièce de temps à autre.

Mike contemplait sombrement la chaussée abîmée. Il recula pour éviter de souffrir de la chaleur réfléchie.

— Ce qui me sidère, c'est comment elles peuvent savoir qu'il y a une craquelure à un endroit particulier.

— Je pense qu'il y a des machines pour diriger les autres machines, soupira Blackie. Je ne sais pas. J'étais trop jeune. On y va, Vito ?

L'équipe de relève se mit au boulot. Mike s'écarta hors de portée des éclats de bois qui volaient en tous sens et s'assit dans l'herbe tendre qui menait un nouvel assaut contre l'accotement de gravier. Arraché par le puissant Vito, un éclat virevolta dans l'air pour tomber à ses pieds. Il le ramassa et le porta à son nez. L'odeur était franche, propre.

Quand finalement l'arbre se fut abattu en travers de la route, Blackie les mena au lieu d'embuscade qu'il avait choisi dans la matinée. C'était cinquante mètres plus haut sur la route, en direction de la ville en ruine... un peu de côté ; un bouquet d'arbres leur assurait à la fois de l'ombre et un abri.

— Nous aurions dû apporter quelque chose à manger, dit Vito.

— Je ne savais pas qu'il nous faudrait si longtemps pour nous faufiler ce matin, dit Blackie. Les femmes nous auront préparé quelque chose quand nous rentrerons.

— Elles feront bien, dit Mike.

Il mesura une mince branche de l'œil. Il attendit un moment, puis il prit un couteau de chasse usé par des années d'aiguisage et coupa un tronçon rectiligne de la branche. Il se mit à le tailler.

— Espèce d'imbécile ! protesta Sid. Tu veux qu'on remarque la cassure sur l'arbre ?

— Oh ! elles n'ont pas de cerveau pour le remarquer.

— Tiens, mon œil ! Ça se voit comme les plaques au coin des rues d'autrefois ! Crois-tu qu'elles s'en apercevront, Blackie ?

— Je ne sais pas. Peut-être.

Blackie se releva précautionneusement pour regarder par-dessus un rideau de mûriers.

— Je crois que je vais grimper à un arbre pour voir s'il ne vient rien.

Il remonta son pantalon, cherchant un point facile pour entamer l'escalade. Ses bleus étaient de bonne fabrication, mais fatigués par de nombreuses déchirures et des rapetassages, et il n'avait pas envie de les accrocher à une aspérité. Il devenait difficile de se procurer des vêtements en bon état, pas encore pourris, dans les antiques ruines.

* * *

Il choisit une branche un peu au-dessus de sa tête et s'élança. Il exécuta un rétablissement, se poussa des pieds et s'enfonça dans le feuillage sans effort apparent. Les autres attendaient en bas. Sid jetait de temps en temps un coup d'œil en haut. Vito donnait de petits coups de pied dans une des massues qu'ils avaient taillées dans une vieille poutre.

La seconde était dissimulée sous les vestes mais il en dépassait assez pour montrer qu'elles avaient été façonnées du même bois, peint en gris d'un côté, taché et troué de l'autre, où des planches avaient été clouées autrefois. Un rouleau de corde était lové près des haches.

Dans les hautes frondaisons, Blackie s'arc-bouta avec une aisance négligente et examina le ruban de ciment.

« D'ici, songeait-il, on pourrait presque croire que l'endroit est encore en vie et non en train de s'écrouler. »

Les fenêtres des lointaines maisons étaient des trous sombres, démunis de vitres, mais le soleil donnait à la maçonnerie une apparence de propreté et d'éclat. Pour Blackie, les faîtes déchiquetés des bâtisses étaient aussi normaux que les haillons de la plupart des gens qu'il connaissait. Plus loin, vers le centre de la cité, il y avait encore une preuve de la puissance disparue de sa race... un immense amas de pierres brisées et de métal fondu. Des herbes et des mousses étranges envahissaient la zone, mais il s'écoulerait des siècles avant qu'elles puissent masquer les dévastations.

Les tas disséminés au long de la route étaient mieux dissimulés, apparemment repoussés sans ordre derrière les accotements de gravier... Des monceaux pourrissants qui, selon la légende, avaient été des machines permettant de rouler sur la chaussée.

Quelque chose brillait au coude de la route. Blackie ferma à demi les yeux pour mieux voir.

Il dégringola de branche en branche, si lestement que le trio d'en bas fut à peine averti par le froissement des feuilles avant qu'il atterrisse comme un chat parmi eux.

— Elles arrivent !

Il enfila vivement sa veste souillée, imité avec une hâte silencieuse par les autres. Vito se frotta les mains sur la poitrine velue que laissait voir sa veste ouverte et soupesa une des massues. Elle paraissait légère dans ses larges mains.

Ils étaient calmes, observant Sid, qui guettait par une mince brèche dans le taillis. Blackie s'agitait derrière lui. Il tendit enfin le bras comme pour écarter l'autre, mais au même instant, Sid relâcha les buissons et s'accroupit.

Les autres, à son coup d'œil alarmé, s'allongèrent, regardant de leurs yeux farouches à travers les broussailles ou de derrière les troncs d'arbres.

L'appel distant d'un geai leur parvint soudain clairement, avec le frisson d'une faible brise parmi les feuillages au-dessus d'eux. Puis ils perçurent un nouveau bruit, ferraillant et bourdonnant.

Une file de trois véhicules roulait sur la grand-route à une allure invariable qui ne tenait aucun compte des rapiècements ni des parties usées. Ils se dandinèrent tour à tour en contournant un raccommodage posé par-dessus une réparation antérieure et insuffisante, pour faire halte devant l'arbre abattu. Deux étaient des bulldozers et le troisième un petit camion avec un compartiment réservé à l'outillage. Il n'y avait pas de silhouettes humaines en vue.

Un instant après, l'équipe de travailleurs fit son apparition : une file de huit robots. Ils se déployèrent en arrivant devant l'obstacle, qu'ils explorèrent dans toute sa longueur, telles de gigantesques fourmis.

— Qu'est-ce qu'ils fabriquent ? demanda Mike dans un murmure, bien qu'il fût à cinquante mètres des engins.

— Ils examinent le boulot pour la chose qui les a envoyés, souffla Blackie en réponse. Tu vois ces petites lumières sur le haut de leurs têtes ? On m'a dit une fois que c'était grâce à ça qu'ils fonctionnaient.

Quelques-uns des robots prirent des scies dans le camion et commencèrent à attaquer le tronc de l'arbre. D'autres se munirent de câbles et de gros crochets pour amarrer l'obstacle aux bulldozers.

— Regardez-les faire ! soupira Sid en haussant ses épaules massives avec envie. Il nous a fallu des heures, et eux, ils ont déjà fait la moitié du travail !

Ils regardèrent les robots découper avec précision le tronçon de l'arbre qui barrait la chaussée, sans dépasser d'un pouce l'accotement de gravier, puis aider les bulldozers à le tirer à l'écart. De l'autre côté de la surface cimentée, l'accotement dominait un creux de six pieds. Le tronc fut amené en parallèle au fossé et lâché dans un grand craquement de branchages et une pluie de petits cailloux.

— Une chance qu'on ait été du côté surélevé, murmura Mike. Un truc pareil écraserait un mec à lui faire sortir les tripes !

— Continuez à m'écouter, dit Blackie, et vous serez toujours au bon endroit au bon moment.

Mike leva les sourcils à l'adresse de Vito, qui avança la lèvre inférieure et opina sagement. Sid sourit, mais personne ne releva la vantardise.

— Ils s'alignent, les avertit Blackie, la voix concentrée. Vous êtes prêts, les gars ? Où est la corde ?

Quelqu'un la lui mit dans les mains. Scrutant toujours du regard la scène qui se déroulait sur la route, il en chercha les bouts à tâtons et en tendit un à Mike. Les autres empoignèrent leurs massues.

— Et maintenant, n'oubliez pas ! leur commanda Blackie. Moi et Mike, on fait dégringoler le dernier de la file. Vous deux, vous foncez, vous le cognez sur la tête… et fort !

— Ne vous débinez pas pendant qu'on y sera ! dit le grand Sid. Ils ne vous poursuivront pas, mais ils savent se défendre. J'ai pas envie d'être encore une fois expédié à vingt pas de distance !

Les yeux des autres se portèrent sur la cicatrice blanche en zigzag qui descendait de l'oreille droite de Sid jusque sous le col de sa veste. Puis ils se retournèrent vers la route.

— Bon ! souffla Blackie. Le matériel roulant part le premier.

Le camion et les bulldozers se dirigeaient vers la ville et la colonne de robots suivait à une certaine distance. Ceux-ci approchaient du point d'embuscade... ils commencèrent à le dépasser.

Blackie s'accroupit, ne prenant appui que du bout des doigts.

* * *

Alors que le dernier robot passait lourdement, Blackie surgit de la broussaille, relié à Mike le Rouge par les vingt pieds de corde dont ils tenaient chacun une des extrémités. Ils se mirent à courir derrière l'automate qui marchait, imités par leurs deux camarades.

De la main droite, Blackie fit tournoyer la partie de la corde qui pendait entre lui et Mike. Au second balancement, la corde passa par-dessus la tête du robot. Il vit Mike qui s'arc-boutait.

Le robot chancela. Il pivota gauchement vers la gauche, cherchant à tâtons ce qui l'entravait. Mike et Blackie tirèrent de nouveau sur la corde et la machine se trouva face à eux tandis qu'elle s'efforçait de rester en équilibre. Ses semblables poursuivaient leur marche régulière sur la route.

— Changeons de bouts ! aboya Blackie.

Mike, très alerte, lui envoya son extrémité de corde et attrapa au vol celle de Blackie. Ils coururent de part et d'autre du robot pour l'enfermer dans une boucle.

Blackie poursuivit sa course jusqu'au bord du fossé. Il prit un tour de corde sur son avant-bras et plongea en bas du talus.

Une pluie de gravier le suivit quand Mike s'accrocha des deux talons sur l'accotement pour maintenir ferme l'autre bout. Puis il entendit le choc sonore de la chute de la machine.

Blackie escalada le talus. Vito et Sid s'acharnaient à coups de massue sur la mécanique qui s'agitait maladroitement. Mike dansait autour de la mêlée, les dents découvertes, et il fonça même comme pour sauter à pieds joints sur le robot. Mais devant le danger des massues qui tournoyaient, il se contenta de ramasser des poignées de gravier pour les lancer.

Blackie vira pour aller s'armer d'une des haches. Et juste à cet instant, Sid réussit à placer un coup précis sur la tête du robot.

Il en jaillit des étincelles tandis que le verre se fracassait. La machine cessa totalement de bouger.

— Très bien ! haleta Blackie. Très bien. Cela suffit !

Ils reculèrent et leurs farouches rictus s'effacèrent. Une poignée de gravier coula entre les doigts de Mike, pour tomber avec bruit sur le ciment. Peu à peu, les hommes se redressèrent, voyant à présent le robot comme un tas de métal inerte plutôt que comme une bête étrange dans les affres de l'agonie.

— Faudrait ramasser les affaires et filer, dit Blackie. Faut qu'on soit déjà sur la piste si jamais ils envoient une machine pour chercher ça.

Vito tira le robot hors de la route en le prenant par la tête et ils entreprirent de le ligoter deux soliveaux de cinq sur dix centimètres.

* * *

Deux heures environ s'étaient écoulées quand ils contournèrent avec leur fardeau l'angle d'une rue parmi les ruines et s'arrêtèrent devant un bâtiment relativement intact. Ils avaient récolté un cortège d'enfants sales et à demi vêtus qui couraient devant eux en annonçant la nouvelle.

Deux autres hommes et une poignée de femmes se rassemblèrent autour d'eux en poussant des exclamations. Les chasseurs posèrent leur proie sur le sol.

— Faudrait se mettre au travail sur lui, dit Blackie en regardant le ciel. Il va bientôt faire nuit.

Les hommes qui étaient restés de garde coururent sous l'entrée de granit poli et revinrent avec des outils : des marteaux, des leviers, des hachettes. Derrière s'empressaient les femmes avec des récipients divers et de vieilles casseroles. Les quatre hommes, fatigués d'avoir porté le robot, malgré leurs nombreuses haltes sur la piste, s'écartèrent.

— Par où commence-t-on, Blackie ? demanda un des hommes qui attendaient que les femmes eussent dégagé la corde et les morceaux de bois.

— Essayez toutes les articulations. Après cela, on le fendra par le milieu pour tenter d'avoir le réservoir principal d'alimentation.

Il observait le métal, qui cédait sous les coups. Au fur et à mesure que le robot se démembrait, le fluide qui en avait lubrifié le mécanisme complexe coulait des blessures pour être recueilli par les femmes dans un bidon de vingt litres.

— Apportes-en une tasse, Judy, dit Blackie à sa femme, une fille mince et blonde. Je veux voir si la qualité est aussi bonne que la dernière fois.

Il alluma un bâtonnet au feu quand ils traversèrent le hall jonché de débris et naguère resplendissant, et elle le suivit dans un couloir sombre. Il écarta les peaux qui recouvraient l'embrasure de leur porte, puis il s'approcha de la table, en trébuchant. La fenêtre n'était pas encore obturée contre le froid de la nuit, mais elle donnait sur une cour entourée de hautes murailles. Pour des yeux habitués à la rue ensoleillée, la pièce était sombre.

Judy versa l'huile de récupération dans la lampe improvisée, attendit que la mèche de chiffon se fût bien imbibée puis la tendit à Blackie. Il alluma la mèche avec son bâtonnet.

— Elle brûle rudement bien, Blackie, dit la fille en plissant le nez, sous la première âcreté de la fumée huileuse. Mince ! C'est fortiche d'en avoir attrapé un le premier jour.

— Dis aux autres bonnes femmes d'être économes ! l'avertit-il. Quand on l'aura entièrement vidé, on devrait en avoir pour un mois ou plus.

Il souffla la flamme du bâtonnet et laissa tomber le bois calciné sur le plancher, l'air pensif.

— Non, je ne suis pas tellement fortiche, avoua-t-il. Autrement je trouverais bien le moyen d'en forcer un à travailler le jardin à notre place. Peut-être un jour… Mais ceux de cette espèce refusent de faire autre chose que réparer leur foutue route et à quoi est-elle bonne pour qui que ce soit ?

Sa femme poussa avec précaution la lampe au milieu de la table.

— En tout cas, on sera mieux que l'hiver dernier, dit-elle. On aura de la lumière, désormais.

Que la lumière soit, de Horace B. Fyfe,
traduit par Bruno Martin

9. LA GUERRE AVEC LES INSECTES

Lorsque l'homme a fait son apparition, les insectes étaient déjà chez eux depuis 400 millions d'années !

Depuis longtemps, ils ont colonisé l'ensemble de la planète. Ils rampent, ils courent, se faufilent, grimpent, envahissent, piquent, sucent. Les humains les craignent, les combattent... sans grand succès.

Perçus comme nuisibles, il est bon de rappeler qu'ils nettoient souvent nos déchets, aident l'Homme à se nourrir ou, comme les coccinelles, attaquent les autres insectes.

Les insectes s'adaptent à l'environnement humain. Les cafards adorent nos cuisines ! Dès qu'un nouvel insecticide est trouvé, les insectes mutent aussitôt et deviennent encore plus résistants. Ils sont patients, ils savent que nous ne sommes qu'une parenthèse dans leur longue histoire. Chaque jour, ils gagnent du terrain :

une nouvelle maison infestée de termites par-ci, l'agrandissement d'une fourmilière par-là (certaines font plus d'une centaine de kilomètres de long !)

Les insectes nous tolèrent... pour l'instant !

En 1938, Jacques Spitz écrivait La Guerre des mouches. Il montre bien que si l'envie prenait aux insectes de nous attaquer, nous ne pourrions pas faire grand-chose.

Philip K. Dick, avec sa nouvelle « Le Sacrifié », illustre bien cet état de fait. Brrr...

Le Sacrifié, de Philip K. Dick

L'homme sortit sur le perron et examina le temps. Clair et froid – avec de la rosée sur le gazon. Il boutonna son pardessus et enfonça ses mains dans ses poches.

Tandis que l'homme commençait à descendre les marches du perron, les deux chenilles qui attendaient auprès de la boîte aux lettres frémirent de curiosité.

— Le voilà qui part, dit la première. Va faire ton rapport.

Alors que l'autre commençait à agiter ses pattes, l'homme s'arrêta, se retournant rapidement.

— Je vous ai entendues, dit-il.

Il fit tomber les chenilles du mur en grattant celui-ci du pied, et les poussant sur le ciment, il les écrasa.

Puis il descendit rapidement le chemin qui menait à la rue. Tout en marchant, il regardait autour de lui. Un oiseau sautillait dans un cerisier, l'œil vif, picorant les cerises. L'homme l'étudia. Ça allait ? ou bien... L'oiseau s'envola. Oui, les oiseaux, ça allait. Ils ne faisaient pas de mal.

Il poursuivit son chemin. Au coin, il frôla une toile d'araignée, tendue entre les buissons et le poteau téléphonique. Son cœur battit plus fort. Il se précipita en avant, les bras battant l'air. Tout en marchant, il jeta un regard par-dessus son épaule. L'araignée descendit lentement du buisson, vérifiant les dégâts causés à sa toile.

Il était difficile de se faire une opinion au sujet des araignées. Difficile de savoir exactement. Il aurait fallu plus de faits. Le contact n'était pas encore établi.

Il attendit à l'arrêt de l'autobus, battant la semelle pour se réchauffer les pieds.

L'autobus arriva et il y monta, éprouvant un plaisir soudain à s'asseoir parmi des gens chauds, silencieux, le regard fixé dans le vague avec indifférence. Une douce sensation de sécurité le traversa.

Il ricana et se détendit, pour la première fois depuis des jours.

L'autobus reprit sa route.

* * *

Tirmus agita ses antennes, très excité.

— Eh bien ! si vous y tenez, vous n'avez qu'à voter, dit-il en les dépassant tous rapidement pour monter sur le monticule. Mais avant que vous commenciez, laissez-moi vous répéter ce que je vous ai déjà dit hier.

— Nous savons déjà tout ça, dit Lala, avec impatience. Allons de l'avant. Tous nos plans sont prêts. Qu'est-ce qui nous retient encore ?

— Voici une raison de plus pour moi de parler.

Tirmus regarda les dieux assemblés autour de lui.

— La Colline entière est prête à marcher contre le géant en question. Pourquoi ? Puisque nous savons qu'il ne peut pas raconter à ses semblables ce qu'il sait... Il ne saurait en être question. Le genre de vibrations, la langue dont ils se servent, lui interdit de traduire ou d'exprimer les opinions qu'il a sur nous, au sujet de notre...

— Des bêtises, objecta Lala. Les géants savent très bien communiquer entre eux.

— Il n'y a aucun souvenir qu'un géant ait jamais rendu publics des renseignements nous concernant, on le prendrait pour un fou.

L'armée s'agita.

— Eh bien, allez-y, dit Tirmus, mais je vous avertis que c'est un gaspillage de forces. Le géant est inoffensif... isolé. Considérez simplement le temps et toutes les...

Lala le regarda les yeux ronds.

— Mais ne comprenez-vous pas ? Il sait !

Tirmus s'éloigna du monticule.

— Je suis contre toute violence qui n'est pas nécessaire. Nous devons épargner nos forces. Un jour nous en aurons besoin.

On vota. Comme il fallait s'y attendre, l'armée était en faveur de l'expédition contre le géant. Tirmus poussa un soupir et étala les plans sur le sol.

— Voici le chemin qu'il prend. On peut s'attendre à l'y voir paraître à son retour. Alors, à mon point de vue, la situation...

Il poursuivit en traçant des plans sur la terre molle.

Un des dieux se pencha vers un autre, leurs antennes se touchant :

— Ce géant... il n'a aucune chance de s'en sortir. En un certain sens je le plains. Comment se fait-il qu'il se soit embarqué sur cette galère ?

— Purement par accident, ricana l'autre. Vous savez bien, ils ont la manie de fourrer leur nez partout.

— C'est vraiment regrettable pour lui.

* * *

C'était le crépuscule. La rue était déserte et obscure. L'homme avançait le long du trottoir, un journal sous le bras. Il marchait vite, regardant autour de lui. Il frôla le grand arbre qui poussait en bordure du trottoir et bondit agilement sur la chaussée. Puis, traversant la rue, il prit le trottoir d'en face. En tournant le coin, il se jeta dans la toile d'araignée tendue du buisson au poteau télégraphique. Automatiquement il se débattit, enlevant les fils de son manteau. Alors que ces fils cassaient, il entendit un faible bourdonnement, métallique et menu.

— ... attendre !...

Il s'arrêta.

— ... prudent... intérieur... attendre...

Sa mâchoire se serra. Le dernier fil cassa sous ses doigts et il poursuivit son chemin. Derrière lui, l'araignée s'engagea sur ce qu'il restait de sa toile, l'observant. L'homme jeta un regard en arrière.

— Je te dis zut ! dit-il. Je ne vais pas courir le risque de rester là, tout entortillé dans tes fils.

Il continua sa route le long du trottoir, jusqu'au chemin. Puis il bondit le long de celui-ci, évitant les buissons obscurs. Sur le porche, il sortit sa clef, l'enfonça dans la serrure.

Il hésita. Entrer ? C'était tout de même préférable à attendre au-dehors, particulièrement la nuit. La nuit c'est mauvais. Trop de mouvements sous les buissons. Cela ne vaut rien. Il ouvrit la porte et entra. Le tapis s'étalait devant lui, une mare noire. De l'autre côté de la pièce il distingua la silhouette de la lampe.

Quatre pas jusqu'à la lampe. Son pied se leva. Resta suspendu en l'air.

Qu'avait dit l'araignée ? Attendre ? Il attendit, tendant l'oreille. Silence.

Il prit son briquet et l'alluma.

Le tapis de fourmis monta vers lui, s'élevant comme une vague. Il fit un bond de côté, sortit sur le perron. Les fourmis arrivaient en débouchant, se pressant, grattant contre le plancher dans la pénombre.

L'homme bondit en bas du perron et courut vers le côté de la maison. Lorsque le flot des fourmis atteignit les marches il ouvrait déjà rapidement le robinet et ramassait le tuyau d'arrosage.

Le jet d'eau souleva les fourmis et les éparpilla, les projetant au loin. L'homme ajusta la lance, louchant à travers le voile d'eau. Il avança en tournant le jet de tous les côtés.

— Que le diable vous emporte, dit-il, les dents serrées. M'attendre à l'intérieur...

Il avait peur. À l'intérieur... encore jamais jusqu'à présent. Malgré le froid de la nuit la sueur perla sur son visage. Jusqu'à ce soir ils n'étaient encore jamais entrés à l'intérieur. Peut-être un papillon de nuit ou deux... naturellement des mouches, mais ceux-là étaient inoffensifs, voletants, bruyants...

Un tapis de fourmis !

Sauvagement il les arrosa jusqu'à ce qu'elles rompissent leurs rangs et s'enfuissent vers la pelouse, sous les buissons et sous la maison.

Elles prenaient vraiment la chose au sérieux. Ce n'était pas une attaque furieuse, enragée, spasmodique, mais elle était faite selon un plan, préparée. Elles l'attendaient. Un pas de plus et...

Dieu soit loué pour l'araignée.

Puis il ferma le robinet d'eau et se leva. Pas un son, le silence partout. Brusquement, il perçut un bruissement dans les buissons. Un scarabée ? Quelque chose de noir courait... il mit le pied dessus. Un messager probablement. Un coureur rapide. Il entra hardiment dans la maison obscure, éclairant le chemin à la lueur de son briquet.

* * *

Maintenant, il était assis à son bureau, le pulvérisateur à côté de lui, un appareil robuste en cuivre et acier. Il passa ses doigts sur la surface humide.

Sept heures. Dans son dos la radio jouait doucement. Il étendit la main et changea la lampe de place de sorte qu'elle éclairât le plancher à côté du bureau.

Il alluma une cigarette, prit du papier et son stylo. Il fit une pause, réfléchissant.

Donc ils tenaient réellement à l'avoir, ils tenaient à l'avoir sérieusement puisqu'ils préparaient même des plans à cet effet. Un désespoir noir déferla sur lui comme un torrent. Que pouvait-il faire ? Qui pouvait le conseiller ? À qui pourrait-il en parler ? Assis à son bureau, droit comme s'il avait avalé un sabre, il serra les poings.

À côté de lui l'araignée se laissait glisser sur la tablette du bureau.

— Excusez-moi. J'espère ne pas vous avoir fait peur ?

L'homme la regarda fixement.

— Êtes-vous la même ? Celle du coin de la rue ? Celle qui m'a averti ?

— Non. C'est une autre. Une Tisseuse. Je suis strictement une Croqueuse. Regardez mes mandibules.

Elle ouvrit sa bouche et la referma.

— Oui, moi je les croque !

L'homme sourit.

— Tant mieux pour vous.

— Oui ! Savez-vous combien nous sommes sur... disons un hectare ? Devinez ?

— Un millier, peut-être.

— Non. Six millions. De toutes les espèces, des Croqueuses, comme des Tisseuses et des Piqueuses.

— Des Piqueuses ?

— Les meilleures d'entre nous.

L'araignée réfléchit.

— Tenez, par exemple, l'espèce que vous appelez la Veuve Noire. Extrêmement précieuse !

Elle s'interrompit, puis ajouta :

— Mais il y a un hic.

— Lequel ?

— Nous avons nos propres problèmes. Les dieux...

— Les dieux ?

— Oui, ce que vous appelez les fourmis. Les dirigeants. Ils sont hiérarchiquement au-dessus de nous. C'est très regrettable. Ils ont un goût répugnant, de quoi vous rendre malade. Nous sommes obligées de les abandonner aux oiseaux.

L'homme se leva.

— Les oiseaux sont-ils...

— Eh bien, nous avons un arrangement avec eux. Cela dure depuis des siècles. Je vais vous conter toute l'histoire. Nous avons encore le temps.

Le cœur de l'homme se serra.

— Nous avons encore le temps ? Que voulez-vous dire par là ?

— Oh ! rien de particulier. Je crois qu'il y aura un léger incident un peu plus tard. Mais laissez-moi vous exposer le fond du problème. Je ne crois pas que vous le connaissiez.

— Allez-y. Je vous écoute.

Il se leva et se mit à arpenter la pièce.

— Il y a un milliard d'années environ, *ils* gouvernaient très bien la Terre. Comprenez-vous, les hommes sont venus d'une autre planète. Laquelle ? Je l'ignore. Ils ont atterri et ont trouvé la Terre bien cultivée par *eux*. Il y eut une guerre.

— Ainsi nous sommes les envahisseurs ?

— Certainement. Cette guerre réduisit les deux antagonistes à la barbarie, aussi bien eux que vous. Vous avez oublié comment attaquer et ils ont dégénéré en factions sociales fermées : fourmis, termites...

— Je vois.

— Nous fûmes créées par le dernier groupe des vôtres qui connaissait l'histoire complète. Nous fûmes élevées... (L'araignée ricana de la façon qui lui était propre)... nous fûmes élevées quelque part dans ce but très digne. Et nous *les* maîtrisons très bien. Savez-vous comment *ils* nous appellent ? Les Mangeuses, c'est plutôt désagréable, vous ne trouvez pas ?

Deux nouvelles araignées descendirent sur leurs fils, se posant sur le bureau. Les trois se concertèrent.

— La situation est bien meilleure que je ne le croyais, dit la Croqueuse. Il est vrai que je ne possédais pas tous les renseignements. Cette Piqueuse...

La Veuve Noire s'approcha du bord de la table.

— Géant, piailla-t-elle métalliquement, j'aimerais vous parler.

— Allez-y, dit l'homme.

— Il va y avoir du grabuge ici. *Ils* sont en marche, se dirigeant ici en foule. Nous pensons rester avec vous pendant un moment... participer à ceci.

— Je vois.

L'homme hocha la tête. Il se passa la langue sur les lèvres et ses doigts tremblants dans les cheveux.

— Croyez-vous... c'est-à-dire, quelles sont les chances...

— Les chances ?

La Piqueuse ondula pensivement.

— Eh bien, il y a bien longtemps que nous sommes de ce monde. Presque un million d'années. Je crois que nous *les* tenons, en dépit de certaines servitudes. Nos accords avec les oiseaux, et naturellement celui avec les crapauds...

— Je crois que nous pourrons vous sauver, interrompit gaiement la Croqueuse. En fait, nous attendions des événements dans le genre de celui-ci. Nous sommes prêtes à y faire face.

Sous les lames du parquet on entendait un grattement distinct, le bruit d'une multitude de petites mandibules et d'ailes vibrant légèrement à une certaine distance. L'homme l'entendit. Son corps sembla s'affaisser.

— Vous en êtes vraiment certaines ? Vous croyez vraiment pouvoir réussir ?

Il essuya la sueur sur sa lèvre supérieure et prit le pulvérisateur, écoutant toujours.

Le son s'amplifiait, s'enflant au-dessous d'eux, sous leurs pieds. À l'extérieur de la maison des buissons bruissaient et quelques papillons de nuit vinrent se heurter contre les vitres. Le son devenait de plus en plus fort, au-delà et en dessous, partout. Un bourdonnement de rage et de décision, en train de croître. L'homme regarda de tous les côtés.

— Vous êtes certaines de pouvoir réussir ? murmura-t-il. Vous croyez réellement pouvoir *me* sauver ?

— Oh ! dit la Piqueuse embarrassée. Ce n'est pas ça que je voulais dire. Je parlais de l'espèce, de la race... et non de *vous* en tant qu'individu.

L'homme la regarda bouche bée et les trois Mangeuses s'agitèrent, mal à l'aise. D'autres papillons de nuit vinrent heurter les vitres. Sous eux le plancher bougeait et commençait à s'affaisser.

— Je comprends, dit l'homme consterné. Je n'avais pas réalisé que pour vous l'individu n'était rien, seule compte l'espèce.

Et ses yeux terrifiés voyaient déjà le plancher s'effondrer et l'énorme masse de l'armée souterraine prête à le dévorer.

Le Sacrifié, de Philip K. Dick

10. LES DÉCHETS

Chacun d'entre nous produit en moyenne 400 kg de déchets par an. Nos poubelles s'enflent de plus en plus. Les produits sont tous très (trop) bien emballés pour les rendre jolis et attrayants, mais au bout du compte, rien qu'en France, ce sont 865 millions de tonnes de déchets qu'il faut gérer chaque année. Certes ont été mis en place des solutions de triage comme celles du verre, du plastique, des métaux, mais cela est encore très insuffisant et demande une réelle volonté et des moyens appropriés.

D'autres pays ne peuvent malheureusement se permettre de telles dépenses. En Égypte, en Amérique du Sud, en Inde, un peu partout autour des grandes métropoles des pays émergents, de véritables collines d'ordures ont poussé. Là, les plus pauvres vivent, creusent de véritables galeries, à la recherche de quelques bouts d'objets recyclables. Souvent, ils se blessent ou cela s'écroule sur eux, et ils meurent.

D'autres déchets, beaucoup plus dangereux car non recyclables, comme ceux radioactifs, sont stockés sous terre pour quelques milliers d'années, en espérant que les générations futures soient capables de gérer ce lourd héritage. Je vous renvoie au début de ce recueil à la nouvelle de Danielle Martinigol.

Rita Kraus nous livre ici une nouvelle courte mais percutante sur l'initiative malheureuse de quelqu'un qui en avait marre des déchets…

La Grande Décharge, de Rita Kraus

Mon royaume pour un boueux !
… Enlève-moi ces ordures !
Fous-les à la mer !

Samuel Beckett

Une fois de plus, les prophètes avaient parlé dans le désert. Les cris d'alarme poussés dans les années 70 n'avaient pas été entendus et si, en ce dernier quart du XXe siècle, on marchait régulièrement sur la Lune, la Terre dans son entier avait fini par ressembler à un dépôt d'immondices que les peuples suffoqués avaient amèrement baptisé « la Grande Décharge ».

Aucun continent n'avait été épargné et telle région de France qui passait naguère pour riante et fertile avait vu, en l'espace de quelques années, ses rivières se tarir et son agriculture étouffer sous l'amas des détritus. Dans les villes, c'était pis encore. L'amoncellement des déchets avait rendu l'air irrespirable et, par millions, les citadins avaient été contraints de s'égailler dans ce qui avait été jadis la campagne.

Mais, lorsqu'ils étaient parvenus, au prix d'efforts considérables, à rejoindre quelque trou et à s'y fixer, il ne leur était plus possible d'en sortir en raison des carcasses de véhicules abandonnés qui obstruaient routes et sentiers. Ainsi, entourés d'une muraille de résidus dont l'épaisseur décourageait toute tentative de percée, survivaient-ils en assiégés. Pour ravitailler ces bouches affamées, les pouvoirs centraux réussissaient parfois à leur parachuter des caisses d'eau minérale et des boîtes de conserve, dont les emballages venaient encore renforcer l'étau qui se refermait sur eux.

Que n'avait-on pas essayé pour se débarrasser de ces ordures ? On en avait enterré, mais il y avait maintenant belle lurette que les galeries de mines et même les puits avaient été comblés ; on en avait brûlé, mais les cendres, en se dispersant, avaient menacé d'obscurcir le ciel ; on en avait déchiqueté par divers procédés mécaniques, mais, une fois cette opération accomplie, on ne savait vraiment pas quoi faire des morceaux...

Aussi, à l'aube des années 80, le monde avait-il été réduit par étapes successives à une multitude de petites communautés, isolées les unes des autres et dépourvues de tout moyen de communication direct. Dans certains îlots, l'équilibre entre les sexes avait été rompu par les accidents ou les maladies et c'était la perpétuation même de l'espèce qui était remise en jeu. Ici, des jeunes gens étaient condamnés à vieillir dans le célibat alors qu'ailleurs des filles risquaient de coiffer Sainte-Catherine jusque sur leur lit de mort. Et nul ne pouvait empêcher les uns de rêver aux autres, et vice versa.

Se payant d'audace, Romain – qui habitait le village de T... – s'était lancé à l'assaut de la muraille dans l'espoir d'atteindre au moins le village de C..., distant de deux kilomètres à vol d'oiseau. Bientôt, incapable d'avancer, il avait dû se résoudre à rebrousser chemin non sans avoir eu le temps d'apercevoir, dans les lointains, la silhouette de Sabine qui le hélait. À défaut de message plus concret, ils avaient, en hurlant, échangé leurs prénoms.

S'ils avaient vécu à un autre âge de l'humanité, ils eussent sans doute couru l'un vers l'autre et se seraient passionnément embrassés, quitte à rouler sur place dans l'herbe et les fleurs des champs. Un début d'idylle fort banal, en somme, lorsque le soleil fait tourner les têtes et infléchit les résolutions... Mais, à leur époque, la gangue – qui emprisonnait chacune de leurs bourgades – interdisait toute velléité d'approche et, à moins d'une révolution géologique, il était inconcevable que quoi que ce fût pût abattre un jour la barrière qui les séparait.

Creuser une brèche, dégager un couloir entre les deux patelins devint l'idée fixe de Romain. Autour de lui, les sages et les sceptiques se contentèrent de hausser les épaules. À quoi bon, puisqu'on avait déjà tenté l'impossible, se livrer à de vains travaux et s'épuiser en efforts inutiles ?

En dépit ou en raison de l'apathie de ses voisins, Romain refusa de s'avouer vaincu et décida d'aborder le problème sous l'angle scientifique. Dans le cours de la dernière décennie, les frontières de la connaissance avaient reculé à l'infini et, à l'échelle de l'univers, les progrès de la science avaient abouti à des résultats surprenants ; à l'échelle du globe, par contre, ils s'étaient révélés inopérants pour lutter contre la détérioration de l'environnement. L'impuissance de l'homme à se libérer des sous-produits de son industrie apparaissait d'autant plus tragique qu'instruit à l'école de la vulgarisation tout le monde – ou à peu près – possédait un bagage technique.

Dans cet état de paralysie qui annonçait peut-être l'extinction de la race, certains philosophes crurent déceler la revanche de la matière sur l'esprit qui avait prétendu l'asservir. Peu importait, d'ailleurs, la valeur de leurs théories puisque aucune explication ne portait en soi de remède susceptible de réajuster l'ordre des choses. Plutôt que de se perdre en discussions stériles, il valait beaucoup mieux trouver le moyen de sortir – au propre comme au figuré – d'une situation absurde.

Le jour, c'est à cela que Romain s'appliquerait. Et la nuit...

La nuit, lorsque le sommeil résout les équations contre lesquelles les mathématiques ont buté, il se voyait réuni avec Sabine à l'issue d'un épouvantable cataclysme qui aurait remis la terre à nu...

Ce même songe régulièrement le visitait. La main dans la main, Sabine et lui s'éloignaient dans la campagne vers l'horizon après que le sol eut été nettoyé par une énorme boule de feu.

Dans la réalité, hélas ! le feu du ciel tardait à se manifester.

Las d'attendre et d'espérer en un miracle alors que, de l'autre côté du mur. Sabine s'étiolait à dénombrer les jours, les semaines et les mois qui s'étaient écoulés depuis que Romain et elle s'étaient interpellés, le garçon – qui n'avait pas froid aux yeux – décida d'aider la nature.

Il était d'une génération pour qui les lois de la matière n'étaient plus des secrets. Il osa ce que personne avant lui n'avait osé : entamer le processus de désintégration multiple, dont on ne parlait qu'à mots couverts dans les milieux responsables de peur d'exciter la verve d'un bricoleur talentueux. Avant de parvenir à provoquer l'explosion qui déblayerait le no man's land entre son village et celui de Sabine. Romain peina en silence sur plus d'un problème ardu : mais l'amour ou, si l'on préfère, le désir atavique de remplir son destin de mâle décupla ses facultés d'invention.

Lorsqu'on se rendit compte de ce qu'il avait combiné et qu'on voulut l'arrêter, il était déjà trop tard. L'étincelle initiale avait jailli...

Dans une débauche de chaleur et de lumière, la Grande Décharge au complet fut annihilée et également, par suite d'une regrettable erreur de calcul sur les effets de la réaction en chaîne, son support : la Terre.

Pour les hommes qui marchaient à ce moment-là sur la Lune, un autre soleil flamba dans les ténèbres.

La Grande Décharge, de Rita Kraus
in *Le Monde,* 16 juin 1972

TABLE

NORD COMPO
multimédia

Composition et mise en pages
Nord Compo à Villeneuve-d'Ascq

Dépôt légal : septembre 2019
N° d'édition : L.01EJEN001570.A004
Loi n° 49-956 du 16 juillet 1949
sur les publications destinées à la jeunesse
Achevé d' imprimer en mars 2022 en Espagne par Liberdúplex